政権交代が必要なのは、総理が嫌いだからじゃない

私たちが人口減少、経済成熟、気候変動に対応するために

田中信一郎［著］
Shinichiro TANAKA

現代書館

はじめに――人口減少を受け止めない日本

「人口減少を前提とした行政なんか、やっていられるか！」

２０１２年、長野県の総合計画を議論する会議で聞いた、定年間近だった幹部職員の叫び声が忘れられません。人口減少は確実なので、それを前提にした総合計画にすべきとの意見が出た直後です。彼の公務員人生は、人口増加と経済成長を前提に、ひたすら予算を拡大し、インフラを整備することだったようで、それを全否定されたように思ったのでしょう。

その数年後、長野県では、人口減少を前提とする総合戦略を策定しました。人口がどのように変化するのか、様々なパターンをシミュレーションしたところ、ベストシナリオですら大幅減少し、２１００年頃の定常化が精一杯と分かりました。当面の人口急減が避けられないと分かり、人口減少でどのような影響が地域経済や住民生活に及ぶのか、庁内外で徹底的に議論し、検討しました。その結果、婚姻・出産の社会的なハードルを取り除きつつ、人口が減少しても安心して暮らせる地域を目指すことになりました。

長野県での特定任期付職員の任期を2016年9月に終えて、現在は各地で持続可能な地域づくりを支援しています。すると、多くの自治体が人口減少を真正面から受け止めず、長野県のように深い議論をしたわけでないことを知りました。政府も、石破茂地方創生相のときの熱意が失われたようで、担当部局は加計学園問題で騒がれていました。

そして、政府の経済政策では、大都市圏の大企業を優遇する政策が目立ち、地方圏からの人口流出を抑制するために最低限必要な、最低賃金の全国一律化すら後ろ向きです。むしろ、オリンピック・パラリンピック東京大会やカジノ、大阪万博、リニア新幹線と、大都市集中の国策を経済成長の切り札にしているようです。

一方、野党の経済政策は、全体像が見えず、与党との対抗軸すら設定できていません。ひたすら、消費税の税率にこだわる議論ばかりが目立ち、自民党に代わる社会構想や経済政策を打ち出せていないように見えます（実際には、複数の主要野党が体系的な経済政策を発表しています）。

現在の日本は、消費税をどうにかしても関係ないくらい、長期にわたる重大な問題に直面しています。それが人口減少であり、経済成熟であり、気候変動です。適切に対応できない理由は、日本社会の構造に深く根差しています。

本書では、人口減少を出発点として、日本の経済、政治、社会の問題を分析し、どのように対処すべきか、示しました。第一章では「なぜ人口が減少しているのか」と、人口減少の真因が経済構造にあることを解説しています。第二章では「なぜ人口減少をもたらす経済になってしまったのか」と、経済政策の誤りを説明しています。第三章では「なぜ誤った経済政策を続けてきたのか」と、部分最適組織の集合体という、政治構造に原因があることを明らかにしています。第四章では「政治を変えれば社会は良くなるのか」と、政権交代に加え、個人の行動の変化が必要であることを示しました。第五章では「どのようにして低成長と人口減少に適応するのか」と、具体的な経済政策を提案しています。

本書は、専門的な知識のない方にお読みいただきたいので、できる限り平易な表現に努めました。加えて、**第一章から第四章までは、各段落の最初の文章だけを拾い読みすれば、最低限の理解ができるように書いています。**そのときは、マーカーを引きながらお読みください。

一方、専門的な知識のある方向けに、詳細な注を付けています。文章の根拠や補足については、注を参照しながらお読みください。

対話するように、疑問や異論、意見を持ちながらお読みいただければ、望外の喜びです。

政権交代が必要なのは、総理が嫌いだからじゃない

私たちが人口減少、経済成熟、気候変動に対応するために

目次

第二章 なぜ人口減少をもたらす経済になってしまったのか？

第三章 なぜ誤った経済政策を続けてきたのか？

第五章 どのようにして低成長と人口減少に適応するのか？……171

第一章

なぜ人口が減少しているのか？

①……有史以来初の人口減少

日本の人口は、2008年をピークに、減少しています。同年の人口は1億2808万人でした。毎年60万人ずつ減少し、2040年代には100万人ずつ減少していく見込みです。そして、2060年に8674万人、2110年には4286万人まで減少します。[1]

人口減少は、日本の歴史が始まって以来の出来事です。図表1をご覧ください。アジア太平洋戦争で310万人もの人々が亡くなったことを例外とすれば、2008年のピークまで、人口が減少した時代はありません。

人口の変化は、社会の変化に由来します。二つの人口増加期を見てみましょう。

最初の人口増加期は、戦国時代から江戸時代中期まででした。約1000年かけて緩やかに微増し、戦国時代には1000万人程度となり、それから250年くらいで3倍に増えました。

その人口増加の要因は、大きく二つあります。一つは、室町時代までの荘園を中心とする産業構造から、小農を主体とする産業構造に変化したことで、農業の生産性が向上し、貨幣の流通や商工業の発展と相まって、人々の生活

1 閣議決定「まち・ひと・しごと創生長期ビジョン」2014年12月27日に基づく。名称からは分かりにくいが、これは政府の正式な人口見通しと対策の方針である。

水準が向上したことです。これにより、死亡率が低下しました。もう一つは、小農による家族経営が広がることで、多くの人々が婚姻して世帯を持つようになり、婚姻と出産が大幅に増加しました。[2]

次の人口増加期は、明治中期から21世紀初頭まででした。江戸中期から150年ほど、3000万人程度で横ばいだった人口が、次の150年で4倍に増えたのです。単なる増加でなく、急増と表現しても差し支えないでしょう。

明治期に人口増加が始まった要因は、幕末からの経済発展による生活水準の向上にあります。それが、明治以降の近代化によって、さらに医療や衛生、生活水準の向上をもたらし、死亡率の減少、そして人口増加につながりました。[3]

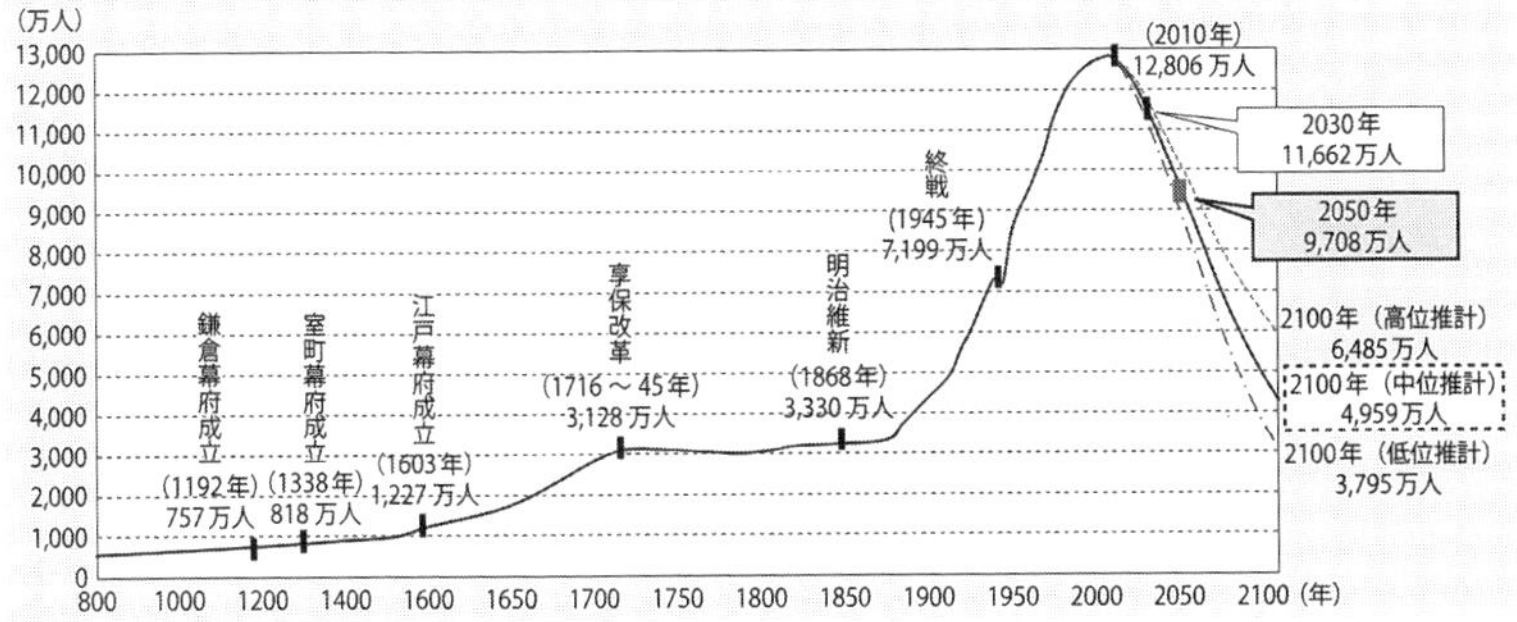

［図表1］人口の長期的な推移（出典は巻末を参照のこと。以下同）

2 鬼頭宏『人口から読む日本の歴史』講談社、2000年。戦国時代頃までは「隷属農民と傍系親族の多くは晩婚であり、あるいは生涯を独身で過ごす者が多かった」のが、彼らの小農としての自立化により「だれもが生涯に一度は結婚するのが当たり前」の「皆婚社会」になった。同90－91頁。

3 前掲『人口から読む日本の歴史』は、江戸時代後半の人口横ばいの要因について、農村から死亡率の高い都市への人口流入と、自主的な出生制限（いわゆる間引や堕胎）があったと指摘している。同186－216頁。

明治中期からの人口増加は、さらなる経済発展に結びつきました。近現代に生きる人々は、生きるために食べ物や様々な物を必要とし、それらを手に入れるためにお金を必要とし、お金を手に入れるために働くことになるためです。人口が増えることは、消費者が増えると同時に、労働者が増えることを意味するので、経済成長の大きな原動力になります。

しかし、戦前の日本は、人口増加を「悩ましいこと」として捉えていました。政府を含めてほとんどの人々は、食糧生産力が限界に達し、日本の国土だけで急増する人口を養えないと考えていました。貧困や失業といった社会問題も、多くの人々が人口増加に起因すると思っていました。それが、海外への領土拡張や移民送り出しを正当化する理由になっていました。[4]

人口増加の「解決策」を海外に求める方針は、ポツダム宣言の受諾に伴って転換を余儀なくされました。植民地も傀儡国家も、侵略で得た「解決策」はすべて失いました。

戦後の日本は、既存の国土と平和的な手段で人口増加に対処することになりました。ベビーブームが早速の課題になり、当時の政府や国会は人口抑制の方針でした。そのため、1948年に「優生保護法」を成立させるなど、出産抑制と家族計画を推進していました。[5]

4 石橋湛山は1913年の『東洋経済新報』社説で「人口過剰の憂い」を批判している。「政治家、評論家はこれによってすなわちあるいは大陸発展を唱え、あるいは北守南進を主張す。もとより言う者によってその理由とするところは種々これ有るべしといえども、その最後の口実は人口問題なり。而してたまたま非帝国主義を唱うるものあるも、談ひとたび人口の過剰を如何との点に及べばたちまち口を閉ざすの常なり」。鴨武彦編『石橋湛山著作集3 大日本主義との闘争』東洋経済新報社、1996年、12頁。

5 杉田菜穂『人口論入門』法律文化社、2017年。優生保護法は、人工妊娠中絶の要件を緩和した一方、障がい者などの不妊化を目的とするもので、1996年に母体保護を目的とする母体保護法に替えられた。旧優生保護法に基づく強制不妊手術は、

人口増加が「好ましいこと」と捉えられるようになったのは、1960年代からです。池田勇人首相の「所得倍増論」は、人口増加と経済発展の相乗効果を前提としていました。その成功は、人口増加への認識をがらりと変えたのです。[6]

以後、人口増加は、経済と社会を発展させる大前提となりました。限られた国土でも、巧みに「列島改造」し、人々の生活水準を向上させることができると分かったからです。[7]

②……人口減少が続くとどうなるか

現在の経済と社会のシステムは、人口増加を大前提に構築されています。実際、老後の生活を支える年金制度は、2004年まで人口増加を前提としていました。同年の制度改正で「マクロ経済スライド」が導入され、現役世代人口の減少率などに基づき、年金支給額が減少することになりました。ところが、抜本的な制度改革でなかったため、その矛盾が年金生活者にしわ寄せされ、格差の拡大を招いています。[8]

そのため、人口減少について、日本社会を根底から揺るがす危機と捉える

基本的人権に反する行為であり、2019年に「旧優生保護法に基づく優生手術等を受けた者に対する一時金の支給等に関する法律」が成立している。

6 池田勇人は、首相就任時の施政方針演説（衆議院本会議1960年10月21日）で「わが国には優秀な質に恵まれた豊かな労働人口があります。ここに現在のわが国経済成長の原動力があるのであります」と述べている。こうした人口増加と経済成長を結びつける視点は、前任首相の岸信介の施政方針演説や所信表明演説にはない。

7 田中角栄は、首相に就任して最初の所信表明演説（衆議院本会議1972年10月28日）で「経済成長の成果を国民の福祉に役立てていく成長活用の経済政策を確立していくことが肝要であります。この観点から見て、日本列島の改造は、内政の重要な課題であります」「経済と人の流

人は少なくありません。例えば、元経済企画庁長官の堺屋太一は、人口増加から減少へ転じたことについて「3度目の敗戦」と呼び、早くから人口減少に警鐘を鳴らしていました。「1度目は黒船に破れて開国を強いられた江戸時代末期、2度目は太平洋戦争での敗北。今回は敵がいないだけに、たちの悪い敗戦」と、ポツダム宣言受諾などに匹敵する問題との認識を示しています。[9]

政府も同様の認識です。人口減少について「将来的には経済規模の縮小や生活水準の低下を招き、究極的には国としての持続性すら危うくなる」との強い危機感を示しています。具体的には、総人口の減少スピードを上回って、現役世代人口が減少するため「総人口の減少以上に経済規模を縮小させ、一人当たりの国民所得を低下させ」て、経済と社会に「大きな重荷」になるとしています。しかも、地方では、大都市以上に人口が急減するため「労働力人口の減少や消費市場の縮小を引き起こし、地方の経済規模を縮小させ」「それが社会生活サービスの低下を招き、さらなる人口流出を引き起こすという悪循環」になり、地方の維持が「重大な局面」を迎えるとしています。[10]

国土交通省は、より具体的に人口減少社会の問題を指摘しています。同省は、全土を1㎢ごとの地点に分け、将来の人口を予測しています。それに基

れを変えることにより土地の供給量は大幅に増加されます」と述べている。

8 社会保障や人口減少対策に行政官として携わった山崎史郎は「これまで人口や社会ニーズが増大することを前提に形作られてきた社会保障は、大きな転換が必要」と述べている。同『人口減少と社会保障』中央公論新社、２０１７年、９頁。

9 堺屋は「大変な少子高齢社会。年金など社会保障の費用が膨らんで、若い世代の負担になっている。地方の衰退も深刻です。私が小説を書いた頃に、対策を立てておけばよかった。戦争中に〈産めよ殖やせよ〉と呼びかけた問題を意識して反対する人たちがいるが、出産を政府が国民に勧めればよかった」とも述べている。『朝日新聞』２０１7年1月4日付夕刊。

10 前掲「まち・ひと・しごと創生長期ビジョン」より。

づき、2050年頃の日本社会の状況を次のように分析しています。[11]

◆国土の大部分で人口が疎になる一方、東京圏等に集中が起こる。
◆東京圏・名古屋圏で高齢者単独世帯が大幅に増加する。
◆過疎化が進む地域では、人口が現在の半分以下になる。
◆2050年までに居住地域の2割が無居住化する。
◆人口が疎になる中、国土の大部分で地域の扶助力が低下する。
◆生活利便施設（食料品店など）へのアクセスが困難な高齢者単独世帯が急増する。
◆国土基盤ストック（道路などのインフラ）の維持管理・更新費は倍増する。
◆災害時の死傷者に高齢者が占める割合は大きい。

つまり、日本の経済と社会は人口増加を前提としているため、人口減少によって生活水準が低下し、国家の存続すら危うくなるのです。その影響は、大都市よりも地方で大きく、そこで暮らすことすら困難になります。堺屋の言う「3度目の敗戦」は、空襲と海上封鎖でなく、人口減少によって、各地が壊滅状態になっていくのです。

11 国土交通省「国土の長期展望（中間とりまとめ）」2011年。東日本大震災の1か月前にまとめられたため、震災の影響は考慮されていない。

人口減少の影響が既に表れていると、指摘する論者もいます。例えば、エコノミストの藻谷浩介は、現役世代人口の増減が経済に大きな影響を与えると指摘しています。藻谷によると、新車販売台数や小売販売額、貨物総輸送量、酒類販売量などが「96年から02年にかけて減少に転じ」て、2000年代の「実感なき景気回復」となったのは「生産年齢人口減少に伴う就業者数の減少」のためです。そして、今後も「内需縮小」が続くと論じています。[12]

③……希望と現実のギャップ

人口減少の直接的な原因は、出生数と出生率の低下（少子化）**にあります。**図表2は、戦後から現在までの出生数（棒グラフ）と出生率（折れ線グラフ）の推移です。戦後のベビーブームでは、一年間に270万人近く生まれ、出生率は4・32でした。その子どもたち（いわゆる団塊の世代）が出産時期に入った第二次ベビーブームでは、年間に200万人前後生まれ、出生率は2・14でした。けれども、第三次ベビーブームは起きませんでした。[13]

政府が少子化を認識したのは、1990年です。前年の出生率が1966年を下回った「1・57ショック」と呼ばれます。1966年は「ひのえう

12 藻谷浩介『デフレの正体』角川書店、2010年。

13 ここでいう出生率は、合計特殊出生率のこと。合計特殊出生率とは「ある期間において測定された女性の年齢別出生率を再生産年齢（通常15〜49歳）にわたって合計したもの」で、通常は一年間の測定で算出する。内閣府『少子化社会対策白書』2019年度版。

ま」迷信で、極端に出生率が下がりました。政府はこれを受け、1991年に政策指針を取りまとめ、現在に至る少子化対策を始めました。[14]

1970年代半ばから始まっていた少子化の傾向に対し、政府の対策が十数年遅れたのは、一時的な減少という楽観論のためです。

政府は、1・57ショックまで、現実を上回る出生率の「2」で、将来の人口を推計し、あらゆる政策の前提としていました。[15]

人口減少の原因を探る上

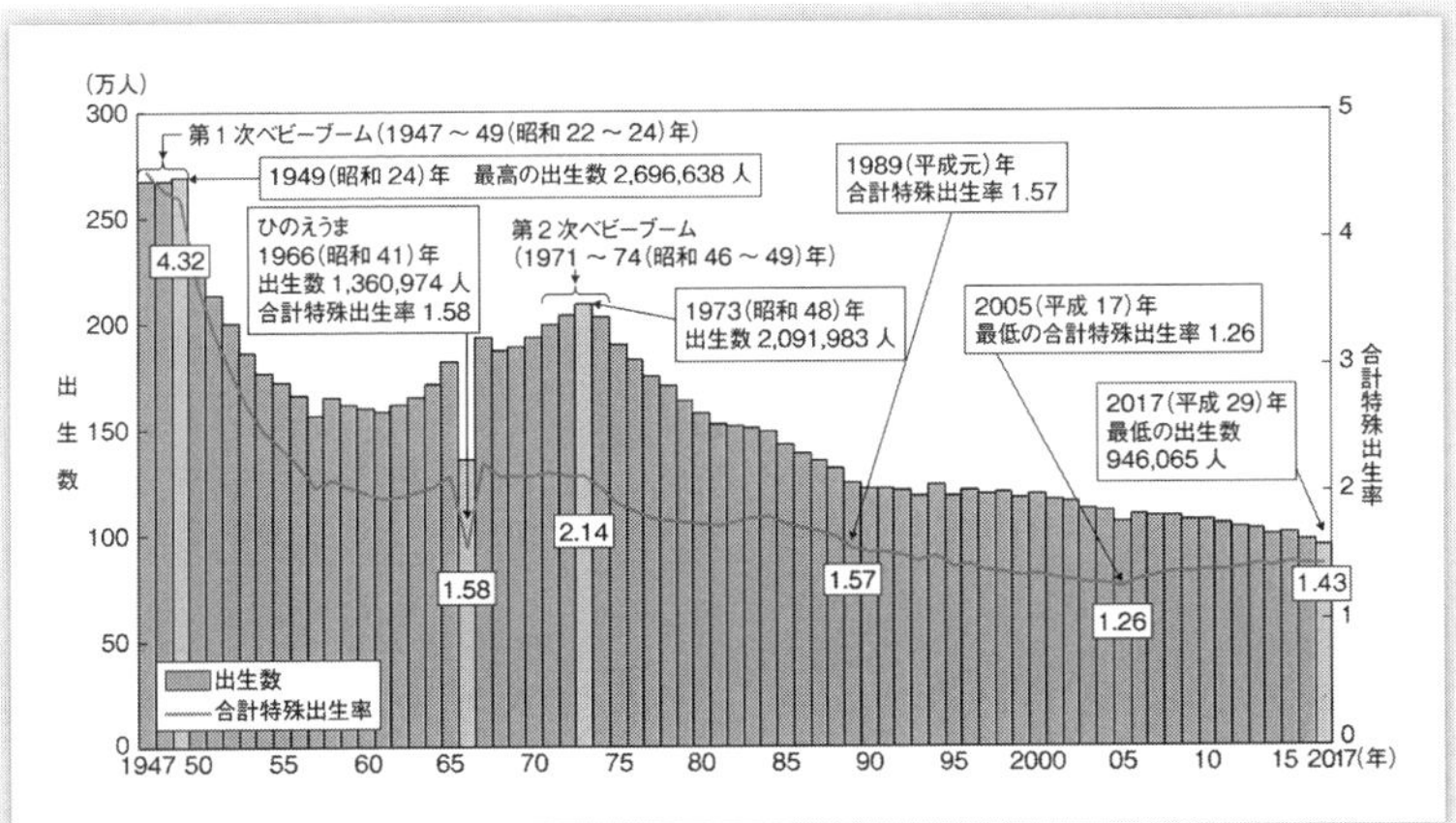

資料：厚生労働省「人口動態統計」

[図表2] 出生数及び合計特殊出生率の年次推移

14 大淵寛・阿藤誠編著『少子化の政策学』原書房、2005年。ひのえうま（丙午）とは、その年に生まれた女性が夫を不幸にするという迷信で、1966年に多くの夫婦が出産を避けた。

15 「出生率が1・75になった1980年に人口審は、夫婦が生涯に産む子どもの数には変化はなく、出生率の低下は女子の進学率・就職率の上昇により結婚・出産が遅れているためと分析」し「一応静観が許される」とした。前掲『人口減少と社会保障』55頁。

で、**重要な指標が「希望出生率」です。**これは、結婚を希望するすべての人々が結婚し、すべての夫婦が希望する数の子どもを授かった場合の出生率です。調査に基づいて、政府が設定した希望出生率は「１・８」です。[16]

この希望出生率と、現実の出生率との間にギャップがあれば、そこに社会的な課題があると意味します。例えば、希望出生率よりも現実の出生率の方が高ければ、望まない出産などの存在を意味し、性と生殖に関する権利（リプロダクティブ・ライツ）の未確立など、人権や健康に関する何らかの社会的な課題があると考えられるわけです。[17]

現在の出生率は、希望出生率よりも低く、婚姻や出産に関して、社会的な課題があると分かります。２０１７年の出生率は１・43で、０・４ポイント近くのギャップがあります。２０００年以降でもっとも低い出生率だった２００５年の１・26よりは回復したものの、依然として希望出生率に遠い状況です。

なお、長期的に現状の人口を維持できる出生率の値を「人口置換水準」と呼びます。これは、平均余命の延びに応じて低下していきます。この水準の出生率で生まれた世代は、だいたい同じ人数の子どもたちを産むと考えられています。２０１７年の人口置換水準は２・06です。[18]

16 「18歳から34歳の未婚者を対象にした意識調査では、男女とも「いずれ結婚するつもり」という人の割合は9割程度に達している。そして、夫婦が予定する平均子ども数は２０１０年で２・07人であり、未婚者が希望する平均子ども数も男性で２・04人、女性で２・12人と２人を超えている」。前掲「まち・ひと・しごと創生長期ビジョン」９頁。

17 リプロダクティブ・ヘルス／ライツとは「すべての個人とカップルに保障されるべき人権の１つである。妊娠・出産には限定されず、性と生殖に関する包括的な権利（①安全な性生活、②生殖能力、③家族計画など）を内容とする。①安全な性生活に関しては性感染症やＨＩＶ感染の予防、②生殖能力に関しては強制的不妊化の否定、③家族計画に関しては安全な妊娠・出産・出生調節を含む」。比較ジェンダー史研究会ホームページ（２０

出生率が人口置換水準に至り、それが維持されれば、人口減少はやがて終わり、定常化します。定常化とは、大きく増減しない状態のことです。政府は「2030〜2040年頃に出生率が人口置換水準まで回復するならば、2060年に総人口1億人程度を確保し、その後2090年頃には人口が定常状態になる」と見込んでいます。[19]

人口置換水準を達成するためには、その前に希望出生率を実現する必要があります。人口置換水準よりも、希望出生率の方が低いからです。そして、希望出生率を実現する過程で、最初から婚姻や出産を諦めていた人々が、新たにそれらを求めるようになることが考えられます。必ずしも「産めよ殖やせよ」を意味しません。そのためにも、希望出生率が重要になります。

政府のベストシナリオは、2030年に希望出生率、2040年に人口置換水準を実現することです。それにより「2060年に総人口1億人程度を確保し、その後2090年頃には人口が定常状態になる」ことを見込んでいます。なお、このベストシナリオが実現しても、人口がV字回復するわけでなく、2090年頃まで人口減少が続きます。出生率の上昇効果は、すぐに表れないのです。

19年8月27日閲覧）より。

18 内閣官房まち・ひと・しごと創生本部事務局「将来の人口動向等について」2019年4月。

19 前掲「まち・ひと・しごと創生長期ビジョン」より。

④……婚姻のボトルネック

出生数と出生率の低下要因の第一は、婚姻数と婚姻率の減少にあります。

論理的には、婚姻と出産は必ずしもセットでなく、婚姻して子を授からなかったり、婚姻しなくて子を授かったりします。ただ、日本では「出生のほとんどが法的な婚姻状態にある夫婦のもとで出産されるため」「出生率の変動が、晩婚化や非婚化によるものであるのか、あるいはすでに結婚した夫婦の出生力によるものであるのか簡便な形で理解することができる」と考えられ、婚姻と出産を事実上、セットで位置づけ、少子化対策が進められています。[20]

婚姻数は、1972年に最高となり、近年は毎年、過去最低を更新しています。同年は約110万組が婚姻しましたが、2017年は約60万組と半分近くになりました。婚姻率も近年、過去最低を毎年更新しています。[21]

平均初婚年齢は過去最高となり、晩婚化となっています。1975年の平均初婚年齢は、夫27・0歳、妻24・7歳でした。一方、2017年は、夫31・1歳、妻29・4歳です。ただ、晩婚化の進行はほぼ止まっていて、2014年からはともに横ばいとなっています。

加えて、非婚化が進行しています。1975年の50歳時の未婚割合は、男

20 大淵寛・高橋重郷編著『少子化の人口学』原書房、2004年、65頁。

21 平均初婚年齢と50歳時の未婚率も同じ。前掲『少子化社会対策白書』2019。

性1・7%、女性3・3%でしたが、2015年は、男性23・4%、女性14・1%となっています。

しかし、実際の婚姻数と違い、結婚意欲はそれほど減少していません。1997年には婚姻率は人口千人当たり6組程度あり、2015年には5組程度に低下しましたが、未婚者で「いずれ結婚するつもり」と答えた割合は、両年とも男女ともに同じでした[22]。

結婚意欲で大きな違いを示しているのは、婚姻率の高い年と低い年の間でなく、正規雇用と非正規雇用の間です。図表3上から明らかなように、男女ともに正規雇用の方が高い結婚意欲を示し、非正規雇用の方が低くなっています。それは、過去も現在も同じです[23]。

正規雇用と非正規雇用では、結婚意欲だけでなく、交際異性の有無にも差があります。図表3下のように、男女ともに、正規雇用が非正規雇用よりも交際異性ありの割合が高く、過去と現在の差はありません。

この交際異性の有無と雇用形態の関係は、不思議です。結婚意欲の差は、非正規雇用の不安定・低収入による影響で生じていると理解できます。けれども、必ずしも結婚を前提としない交際では、雇用形態や所得の差よりも、容姿や性格、コミュニケーション力などが大きく影響しそうです。容姿など

22 未婚者（18〜34歳）のうち「いずれ結婚するつもり」と答えた者の割合は、1997年男性85・9%、女性89・1%。2015年男性85・7%、女性89・3%。同調査では、1997年以降、横ばい傾向が続いている。前掲『少子化社会対策白書』2019。

23 図表3は『少子化社会対策白書』2015年度版に基づく。2016年度版から、正規雇用と非正規雇用の差に関する調査結果は、掲載されていない。

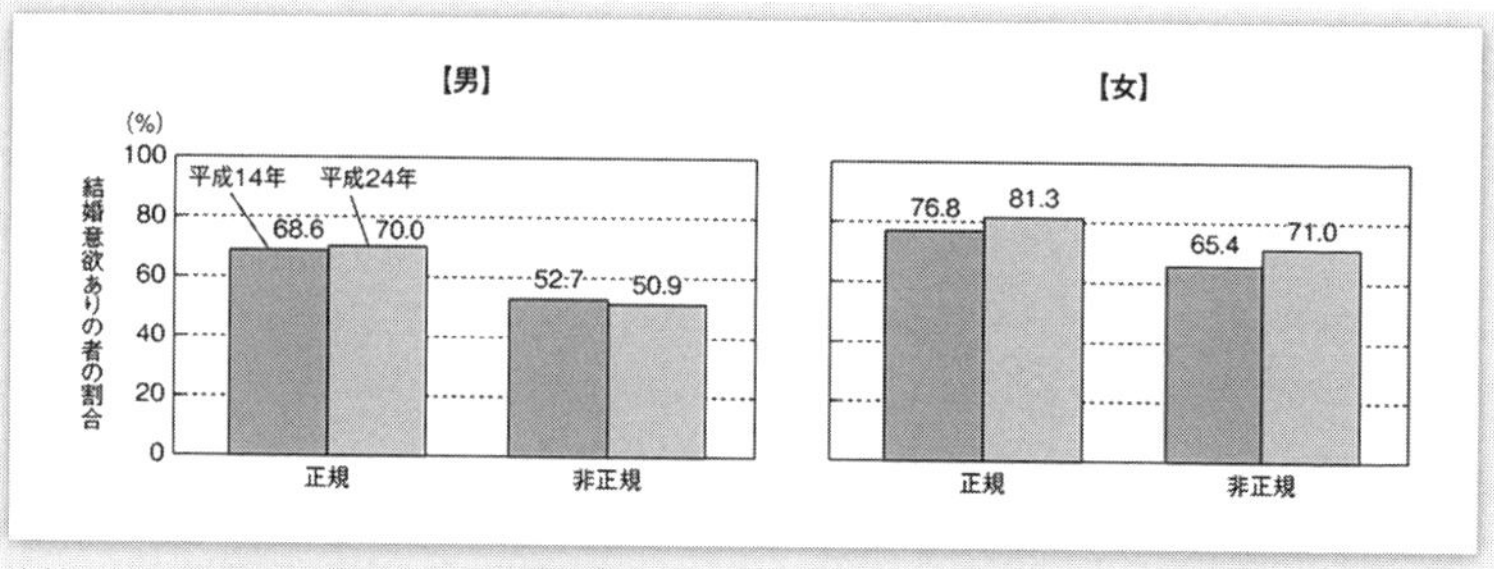

資料：厚生労働省「第1回21世紀成年者縦断調査（平成24年成年者）及び第11回21世紀成年者縦断調査（平成14年成年者）の概況」
注：「結婚意欲あり」は「絶対したい」「なるべくしたい」と回答した者を合計している。

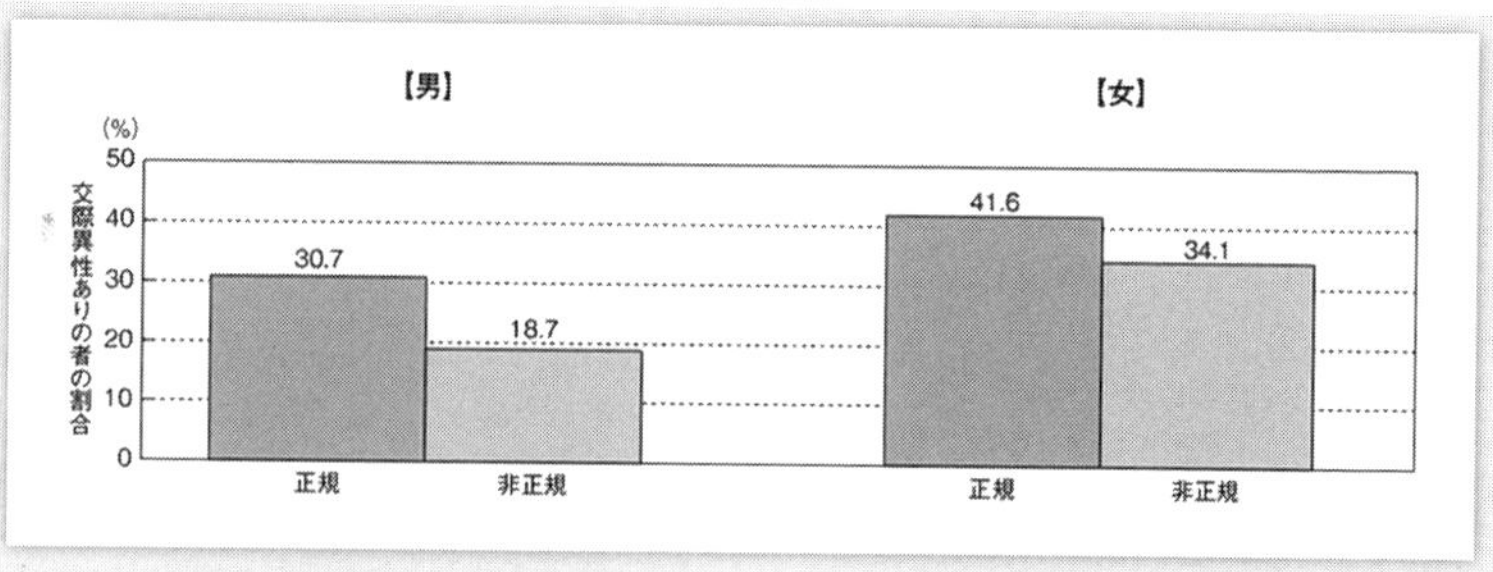

資料：厚生労働省「第1回21世紀成年者縦断調査（平成24年成年者）及び第11回21世紀成年者縦断調査（平成14年成年者）の概況」

[図表3]
上：性、正規・非正規別にみた20代独身者の結婚意欲ありの者の割合
下：性、正規・非正規別にみた20代独身者の交際異性ありの者の割合

と雇用形態の関係は、論理的に考えられませんので、別の因果関係がありそうです。仮説として考えられるのは、非正規雇用が、平日日中だけでない勤務形態だったり、収入を確保するために長時間労働になったり、出勤以外は家に閉じこもりがちだったりして、異性だけでなく、友人を含めた人間関係が貧しくなりやすいことです。要するに、非正規雇用の人間関係が「タコツボ化」しやすく、異性と知り合う機会も乏しいと考えられます。

そして、若者の非正規雇用が大幅に拡大しています。25歳から34歳の非正規雇用の割合は、1991年に男性2・8%、女性25・3%でした。一方、2018年の割合は、男性14・7%、女性38・8%になっています。これでも、近年は非正規雇用の割合が減少しており、2016年には、男性16・0%、女性40・6%に達していました。また、20代・30代の所得分布を見ても、1997年より20年後の2017年の方が、低所得にシフトしています[24]。

つまり、婚姻数と婚姻率の減少、晩婚化の真因は、非正規雇用の増加にあります。非正規雇用の結婚意欲や交際異性が相対的に少なく、かつてよりも非正規雇用で低所得の若者が増えていることが、主として婚姻数などの減少につながっているのです[25]。

24　前掲『少子化社会対策白書』2019。

25　松田茂樹は、多変量解析によって非正規雇用と結婚意欲の関係を分析している。それにより「非正規雇用であることや年収が低いことから結婚意欲が弱くなるのは、男性においてみられる」「男性の非正規雇用者は〈非婚志向〉になる。たとえ年収が高くても、雇用形態が非正規雇用であれば、男性は非婚志向になる。また、男性の正規雇用者も、年収が300万円未満と低ければ、結婚意欲は弱まる」と示している。同『少子化論』勁草書房、2013年、80-81頁。

⑤……出産のボトルネック

出生数と出生率の低下要因の第二は、出産数の減少にあります。図表2で見たとおり、1972年の第二次ベビーブームでは、209万人が生まれたのに対し、2017年は95万人と半分弱になっています。

ただし、夫婦一組当たりの出生数はそれほど減っていません。1972年の完結出生児数は、2・20人で、2015年の完結出生児数は、1・94人です。確かに減少していますが、高度成長前からの減少幅に比べれば、横ばい傾向といえます。1957年の完結出生児数は3・60人で、高度成長の時代に大幅に減少し、1972年以降は横ばいか、微減にとどまっています。[26]

つまり、婚姻数の減少が、出産数の減少の主因なのです。これは、前節で説明したように、主として非正規雇用の増加によるものです。

とはいえ、出産に対するハードルが、頑として存在することも事実です。完結出生児数は、1972年から2002年まで2・20人前後で横ばいでしたが、2005年の調査から再び低下し始め、現在は2・0人を切っていいます。「理想の子ども数」と「予定の子ども数」の間にギャップがあることも、出産に対するハードルの存在を示しています。2015年の理想数は2・32

26 完結出生児数とは、結婚して15年から19年経つ夫婦の子ども数の平均で、夫婦の最終的な子ども数の平均とみなされる。前掲『少子化社会対策白書』2019、18頁。

人ですが、予定数は2・01人です。さらに、2002年まで2・6人前後で推移していた理想数が、2005年から低下傾向になっています[27]。

出産に対するハードルは、個人の意識でなく、社会にあります。図表4の30歳未満の上位5つの回答で、具体的に見てみましょう。

ハードルの1位は「子育てや教育にお金がかかりすぎるから」です。これは、子育て費用について誰が負担するのかという問題です。古い調査ですが、2002年の18歳未満の子どもに対する費用総額は、46・6兆円でした。そのうち、公費負担は20兆円で、残りが子どもを持つ個人の負担になっていました。現在は子育て支援が調査時よりも拡充されたため、公費の割合が増加していますが、個人負担が重いことに違いはないと考えられます[28]。

2位は「自分の仕事に差し支えるから」です。これは、出産・育児が働くことと両立しないという労働環境の問題です。出産前から仕事をし、出産を機会に退職する女性は、未だに5割近くいます。また、就業継続しても、育児休暇のない女性は1割強います。非正規雇用で働く女性が多いことも、影響しています[29]。

3位は「家が狭いから」です。若い世帯ほど、賃貸住宅が多くなるため、主に賃貸住宅の問題と考えられます。賃貸住宅における不満を見ると、騒音

27 前掲『少子化社会対策白書』2019。

28 私費負担26・6兆円の内訳は、実費負担18・5兆円、家庭内育児労働費用8・1兆円。公費負担20兆円の内訳は、現物給付17兆円、現金給付1・5兆円、支払い免除1・5兆円。内閣府「社会全体の子育て費用に関する調査研究報告書」2005年。

29 「〈正規の職員〉と〈パート・派遣〉に分けて見ると、平成22年から26年に第1子を出産後に就業を継続した者の割合は、〈正規の職員〉では69・1%であるのに対し、〈パート・派遣〉では25・2%にとどまっている」。前掲『少子化社会対策白書』2019。

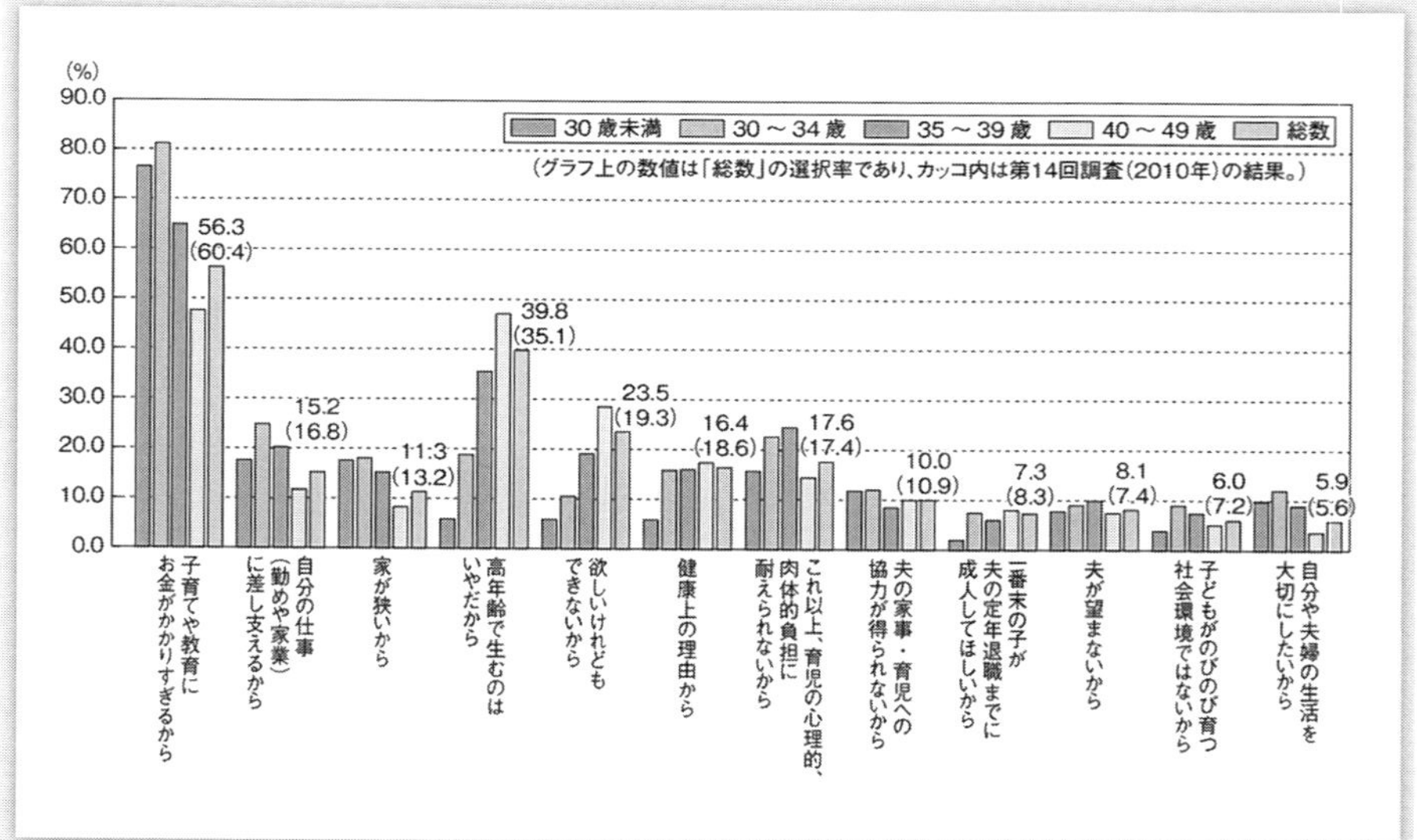

資料：国立社会保障・人口問題研究所「第15回出生動向基本調査（夫婦調査）」（2015年）
注：対象は予定子供数が理想子供数を下回る初婚どうしの夫婦。予定子供数が理想子供数を下回る夫婦の割合は30.3%。

［図表4］妻の年齢別にみた、理想の子供数を持たない理由

や温熱環境に関するものが多く見られます。そのため、家の狭さだけでなく、家賃や立地、住宅の質に関する総合的な不満が示されていると考えられます。[30]

4位は「これ以上、育児の心理的、肉体的負担に耐えられないから」で、5位は「夫の家事・育児への協力が得られないから」です。これらは、互いに深く結びついた問題です。なぜならば、夫が家事・育児を共にすれば「心理的、肉体的負担」が相当に軽減されるからです。けれども、月に80時間以上の残業をする過労死ラインの男性就業者が1割前後いる一方、育児休業を取得する民間企業の男性就業者は5％に過ぎません。[31]

また、晩産化の傾向も出産数の減少につながっています。図表4の「高年齢で生むのはいやだから」のとおり、第二子以降の出産が高年齢化で難しくなるためです。晩産化の要因は、晩婚化と、若い時の仕事・学業と出産が両立しにくいことにあります。

⑥……出生率の回復に成功した3か国

婚姻と出産のボトルネックをすべて解消すれば、希望出生率1・8が実現します。それには、非正規雇用（望まずに不安定で低収入の職に就くこと）を一掃

30 世帯主が40歳未満の二人以上の世帯で、賃貸が55％、持家が45％となっている。賃貸の9割が民営で、公営は1割。民営賃貸の平均延床面積は56・8㎡。国土交通省「住宅経済関連データ」ホームページ（2019年8月28日閲覧）「二人以上の世帯における住宅ストックの現状」による。賃貸住宅の不満（複数回答アンケート）の上位は「上階の足音や声が響く」27・5％、「断熱効果が弱く、夏暑く、冬寒い」24・8％、「風通しが悪く、湿気がこもり、カビがはえやすい」23・6％、「壁が薄いため、隣室や外の音がうるさく、室内の音も外にもれる」23・1％となっている。株式会社LIXIL住宅研究所「賃貸住宅の不満に関する調査報告」2015年。

31 男性就業者の勤務時間は2018年データ。前掲『少子化社会対策白書』2019。男性就業者の育児休業取得率は2017

し、出産と子育てに関する社会の支出を増やし、職場の労働環境や住宅の質を改善し、男性の育児休業を当たり前にすることが必要です。

ボトルネックの解消は現状からすると困難に思えますが、それを実現しても人口減少は止まりません。なぜならば、生まれる人数と亡くなる人数が同等になる人口置換水準2・06には、届かないからです。しかも、政府の試算では、2040年に人口置換水準を実現しても、人口減少が止まって定常化するのは、2090年頃です[32]。

出生率を1・5程度まで落とした後、出生率2程度への回復に成功した国は、フランス、イギリス、スウェーデンです。フランスは、1995年に出生率1・70と低下した後、2010年に2・01まで回復させ、2017年に1・90と、2前後を維持しています。イギリスは、2001年に1・63と低下した後、2010年に2・00まで回復させ、2017年に1・76と、1・8前後を維持しています。スウェーデンは、2000年に1・54と低下した後、2010年に1・98まで回復させ、2017年に1・78と、1・8前後を維持しています[33]。

3か国の共通点は、経済的支援と両立支援の両方を徹底的に拡充したことです。経済的支援とは、出産や子育て費用の負担を個人から社会に移行させ、

年データ。内閣府『男女共同参画白書』2019年度版。取得率は増加傾向にあり、2017年の民間企業は5・14%、国家公務員は10%、地方公務員は4・4%。

32 前掲「まち・ひと・しごと創生長期ビジョン」のベストシナリオによる。

33 内閣府『少子化社会対策白書』2004年度版、2012年度版、2019年度版のデータに基づく。

保育園や学校の費用だけでなく、家族支援などとして子どもの生活費も公的に負担することです。両立支援とは、育児休業や保育体制の充実など、仕事や学業の状況と関係なく、出産や子育てできるための社会のルールや仕組みを整えることです。婚姻のボトルネックとなっている雇用環境の改善が前提になっていることは、言うまでもありません[34]。

経済的支援では、日本の2倍から3倍の公費支出をしています。図表5をご覧ください。国内総生産で比較する（対GDP比）と、フランスは2・96％、イギリスは3・57％、スウェーデンは3・54％を支出しているのに対し、日本は1・29％しかありません。単純計算すると、前述した公費負担20兆円が、40兆円から60兆円になります。要は、出産や子育てに関する費用をすべて公費で賄い、個人負担をなくすことを意味します[35]。

両立支援では、制度を整えるだけでなく、微に入り細に入り配慮をしています。その代表例として、スウェーデンの「パパ・クオータ制」が知られています。また、フランスでは夫に対して3日間の「出産休暇制」があり、さらに11日間の「父親産休制」があります。前者は、妻の3泊4日の出産入院に同行できます。後者は、夫婦で育児に取り組むとともに、助産師が「男を父親にする」ためのサポートをします。そうやって、制度的に夫婦共同で

34 各国の出生率回復の要因分析と経済的支援・両立支援については、内閣府子ども・子育て本部ホームページ（2019年8月29日閲覧）「世界各国の出生率」による。

35 フランスでは出産に要する費用も、すべて公費負担となっている。高橋順子は自らのフランスでの出産経験として、出産も妊婦検診も「1ユーロも支払っていない」と述べている。同『フランスはどう少子化を克服したか』新潮社、2016年、78頁。

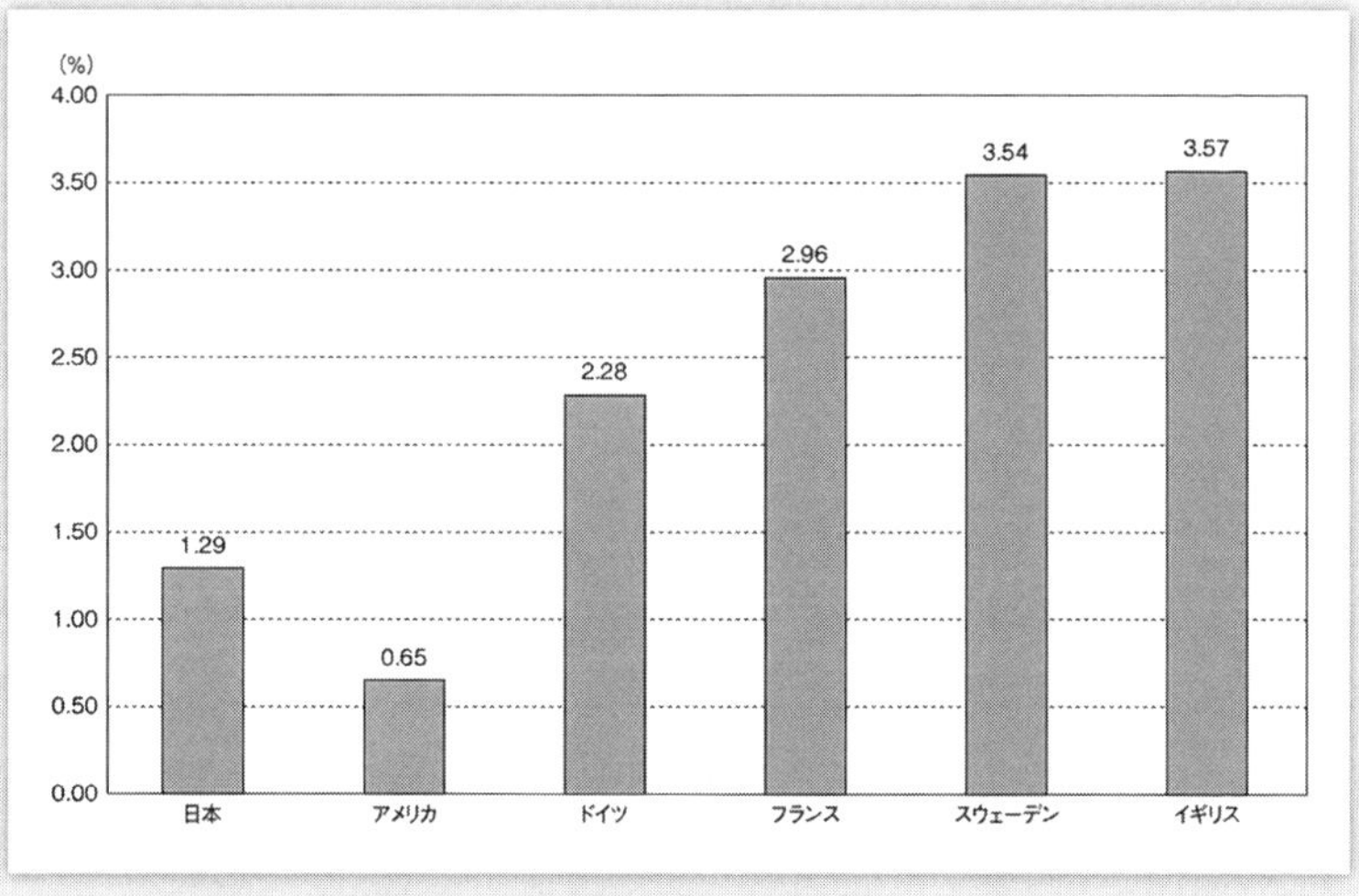

資料：国立社会保障・人口問題研究所「社会保障費用統計」(2016年度)

注：1．家族関係社会支出…家族を支援するために支出される現金給付及び現物給付（サービス）を計上。計上されている給付のうち、主なものは以下のとおり（国立社会保障・人口問題研究所「社会保障費用統計」巻末参考資料より抜粋)。

・児童手当：現金給付、地域子ども・子育て支援事業費

・社会福祉：特別児童扶養手当、児童扶養手当、保育所運営費等

・協会健保、組合健保：出産手当金、出産手当附加金

・各種共済組合：出産手当金、育児休業手当金等

・雇用保険：育児休業給付、介護休業給付等

・生活保護：出産扶助、教育扶助

・就学援助、就学前教育：初等中等教育等振興費、就学前教育

2．日本、アメリカは2016年度、ドイツ、イギリス、フランス、スウェーデンは2015年度

［図表5］各国の家族関係社会支出の対GDP比の比較

の育児を当たり前にしているわけです[36]。

これらにより、現状を見て婚姻・出産を諦めていた人たちが、それを人生の選択肢に加えるようになり、人口置換水準に近い出生率が回復します。これが、出生率を回復させ、将来の人口減少に歯止めをかけ、長期的に人口を定常化させる政策手法になります。

政府は、2030年までに希望出生率を実現し、2040年までに人口置換水準を達成することを目標にしています[37]。

つまり、これから10年でボトルネックがすべて解消され、20年でほとんどのかかる費用が公費化されるはずです。でも、本当に政府はそこへ向かって取り組んでいるのでしょうか。

⑦……的を外す少子化対策

政府の少子化対策では、前述のボトルネックの解消に取り組んでいます。2020年までの少子化対策の基本方針として、2015年に閣議決定された「少子化社会対策大綱」では、待機児童の解消など子育て支援の充実、雇用の安定など婚姻・出産の支援、多子世帯の負担軽減、長時間労働の是正な

36 パパ・クオータ制とは、夫婦合計で有する育児手当受給権について、一定日数分を夫しか得られないようにすることで、男性の育児休業を促進する制度。湯元健治・佐藤吉宗『スウェーデン・パラドックス』日本経済新聞出版社、2010年、94–95頁。フランスの出産休暇などについては、前掲『フランスはどう少子化を克服したか』17–53頁。

37 前掲「まち・ひと・しごと創生長期ビジョン」で掲げる目標。

ど労働環境の改善を主たる政策として掲げています。[38]

このような取り組みを行いつつも、政府と自治体の少子化対策で目立つのは、結婚支援と妊娠教育です。具体的には「適切な出会いの機会の創出・後押し」や「妊娠や出産に関する医学的・科学的に正しい知識の教育」です。政府は、２０１３年度の補正予算から毎年、地域少子化対策重点推進交付金として、自治体による婚活フォーラムや結婚相談所の設置、高校生などへの妊娠時期の教育（ライフプラン教育）などに関する費用を支出しています。[39]

　とりわけ熱心に行われているのが、出会いの機会の創出・後押しで、47都道府県すべてで何らかの取り組みが行われています。なかでも先進地域として知られているのは、茨城県です。茨城県では、２００１年度から「男女の出会いの場づくり」に取り組み、全国に先駆けて結婚支援に取り組んできました。県は「いばらき出会いサポートセンター」を設け、婚活パーティーやカップルのマッチングを行っています。その結果、２０１８年10月には成婚数２０００組を突破しました。[40]

　しかし、これらは効果に疑問どころか、有害です。なぜならば、問題のボトルネックを解消するものでない上に、貴重な財源や公務員を有効でない施策に動員し、本当のボトルネックから目を逸らして、解決できる気分にする

38　前掲『少子化社会対策白書』２０１９。

39　交付金や事業の詳細については、内閣府ホームページ（２０１９年８月29日閲覧）「地域少子化対策重点推進（強化）交付金」にまとめられている。

40　内閣府『少子化社会対策白書』２０１４年度、62頁に基づく。成婚数については、いばらき出会いサポートセンター報道発表資料２０１８年10月19日に基づく。

からです。これまで説明したように、婚姻の主たるボトルネックは、非正規雇用の労働環境とその増加にあります。出産のそれは、経済的支援と両立支援の不足にあります。これら主因の解決すら容易でないのですから、それらと関係ない取り組みをする余裕はありません。百歩譲って取り組む意義を認めても、主因の解決に目途が立ってからにすべきでしょう。

また、人口減少対策としては、海外からの移民の受け入れも提起されています。その代表格たる日本経済団体連合会は「移民に頼らざるを得ない。ドアを開けにいかないといけない」として、２０１６年11月「外国人材受入促進に向けた基本的考え方」を取りまとめ、実質的な移民の受け入れを提起しました[41]。

提起を受け、政府は、移民でないとしつつ、海外からの労働者の受け入れ拡大を推進しています。そのため、２０１８年12月に政府提出の「出入国管理及び難民認定法改正案」が成立しました。

けれども、海外からの移民の受け入れで人口減少を解決するのは、非現実的です。現在、日本の人口は毎年60万人のペースで減少しています。そのため、人口を横ばいで維持する（増やす仮定ではありません）には、毎年60万人の移民が必要となります。一方、移民国家といわれるアメリカでは、毎年70万

41 引用は、経団連の榊原定征会長の発言。『日本経済新聞』２０１５年７月２３日。

人の移民を受け入れています。日本の人口は1億2千万人で、アメリカの人口は3億3千万人です（2018年）。人口の違いを踏まえれば、日本で毎年60万人の移民を受け入れることは、アメリカの3倍近いスピードで移民国家化することを意味します。どう考えても、非現実的と言わざるを得ないでしょう[42]。

要するに、政府の少子化対策はどことなく的を外し、人口減少対策としての移民の受け入れに至っては、完全に的を外しているわけです。なぜ、政府や経済界は、主たる課題の解決に集中せず、的を外した対策に力を入れてしまうのでしょうか。そこに、日本の少子化の真因があります。

⑧……少子化と引き換えの経済の回復

的を外した少子化対策や人口減少対策が熱心に語られ、取り組まれるのは、既存の経済・社会システムを変革せずに済むからです。非正規雇用の解消や労働環境の改善をせず、出産・子育て支援の公費支出を増やさず、男性が育児を共同せずに、人口を増加させる「一発逆転」で利益を得る人々がいるのです。また、直感的で分かりやすいという特徴もあります。

42 アメリカの移民数は、アメリカンセンター・ジャパンのホームページ（2019年8月29日閲覧）「米国プロファイル」に基づく。

それは、第三次ベビーブームが起きなかった背景にも表れています。第二次ベビーブームのピーク１９７３年に生まれた子どもは、１９９８年に25歳となりました。その年は、日本長期信用銀行が破たんするなど、バブル崩壊後の経済危機が頂点に達した時期でした。多くの企業が、社員をリストラし、人件費を下げていた時期です。親世代にとっての当たり前「夫婦と子ども二人」の生活は、当時の若者にとって「ぜいたくな夢」でした。

また、１９９０年の「１・57ショック」はバブル崩壊と重なり、２００５年の史上最低の出生率１・26まで低下していきました。その後は微増傾向となりましたが、現在に至るまで１・57すら回復できていません。回復基調にある２０１７年でも、１・43です。

不思議なことに、経済の低迷とともに出生率が低下したにもかかわらず、経済の回復で出生率は回復しませんでした。経済状況は、２００２年初めから好転し、２００８年初めまで景気拡大が続きました。図表６を見ると、大学生の就職率は２０００年から改善に転じ、リーマンショックまでの８年あまり改善が続いていました。すると、ベビーブームの１９７３年生まれは景気回復中の２００３年に30歳を迎えたことになり、多少遅れつつも、２０００年代半ばに第三次ベビーブームが起きても良かったはずです。でも、そうはなりませんでした。[43]**それは、人件費を削減して、企業利益を高めた結果の経済の回復だったからです。**政府の白書は、次のように総括しています。[44]

2002年初めから始まった今回の景気回復は、2007年に入っても持続しているものとみられる。今回の景気回復は単純な景気循環現象にとどまらず、特に民間企業部門を中

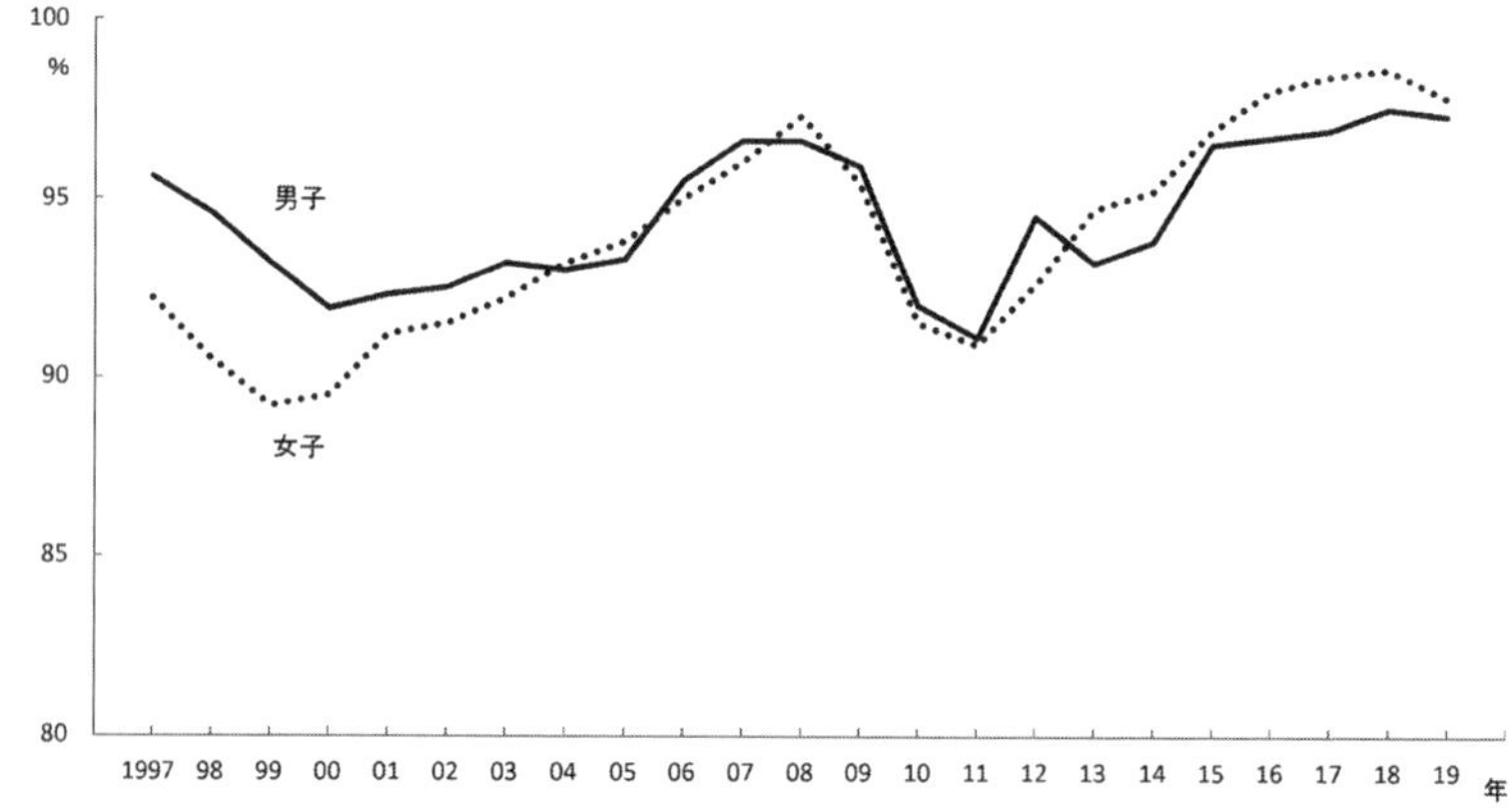

資料出所　厚生労働省、文部科学省「大学等卒業者の就職状況調査（4月1日現在）」
注1　各年3月卒業者の4月1日現在の就職率。
注2　就職率とは、就職希望者に対する就職者の割合。
注3　卒業者全体には「就職希望者」のほか「進学希望者」、「自営業」、「家事手伝い」等が含まれており、卒業者全体に占める就職者の割合（大学のみ）は74.2%（2019年4月1日現在）。

［図表6］大学（学部）卒業者の就職率1997〜2019年

43　経済状況の記述は、内閣府『経済財政白書』2008年度版に基づく。

44　内閣府『経済財政白書』2007年度版。

心として厳しい構造調整が行われる下でのものであった点に特徴がある。経済構造面での変化をみると、企業はバブル崩壊以降、設備投資を抑える中で有利子負債の返済に努めるとともに、1990年代末頃からは雇用面でもリストラを進めることで体力の回復を図ってきた。一方、政府は、財政健全化を進めるとともに不良債権処理を始めとしたバブル期における「負の遺産」の清算に取り組むことなどにより、民間部門に新たな成長基盤を提供するための構造改革の取組を加速・深化してきた。

（傍線は筆者）

政府による「構造改革」で大きな柱となったのが、非正規雇用の拡大です。1999年に労働基準法が改正され、派遣労働が実質的に原則自由化されました。その結果、生産年齢人口は1995年にピークを迎えていたにもかかわらず、非正規雇用が年々増加していきました。[45]

非正規雇用の主たる供給源は、それまでの経済状況で、正規雇用されなかった若者と女性でした。正規雇用の代替として、非正規雇用が使われるようになったことにより、世帯の主たる稼ぎ手の非正規化が拡大し、貧困と格差が拡大していきました。[46]

45 生産年齢人口とは、15歳から64歳までの人口。前掲『少子化社会対策白書』2019。

46 中野麻実は、非正規雇用の拡大、正規雇用の請負化、正規雇用の長時間労働化などを総称して「労働ダンピング」と名づけている。同『労働ダンピング』岩波書店、2006年。

つまり、2000年代の経済の回復は、既存の経済・社会システムの防衛と少子化の進行（出生率低下と第三次ベビーブームの未発生）を引き換えにしたものだったのです。

⑨……少子化を助長する大都市集中

的を外した少子化対策に自治体を誘導するのは、**大都市を重視する政府の姿勢から、批判をそらす効果もあります**。経済成長を政府の最重要目標とする以上、成長をけん引する大都市への資源集中は合理的な選択となります。実際、2020年の東京オリンピック・パラリンピック、2025年の大阪万博、2027年のリニア中央新幹線の東京・名古屋間の開業、日本初のカジノ導入など、大都市での国策ビッグプロジェクトが目白押しです。

経済が好調になると、けん引する大都市へ地方からの人口移動が増加します。図表7は、戦後の三大都市圏とその他の地方圏との人口移動を示したものです。高度成長期は、地方圏から三大都市圏に人口が移動していましたが、オイルショック以降の不況期になると移動が止まりました。バブル経済で経済が再び好調になると、東京圏への一極集中が強まり、崩壊すると止まりま

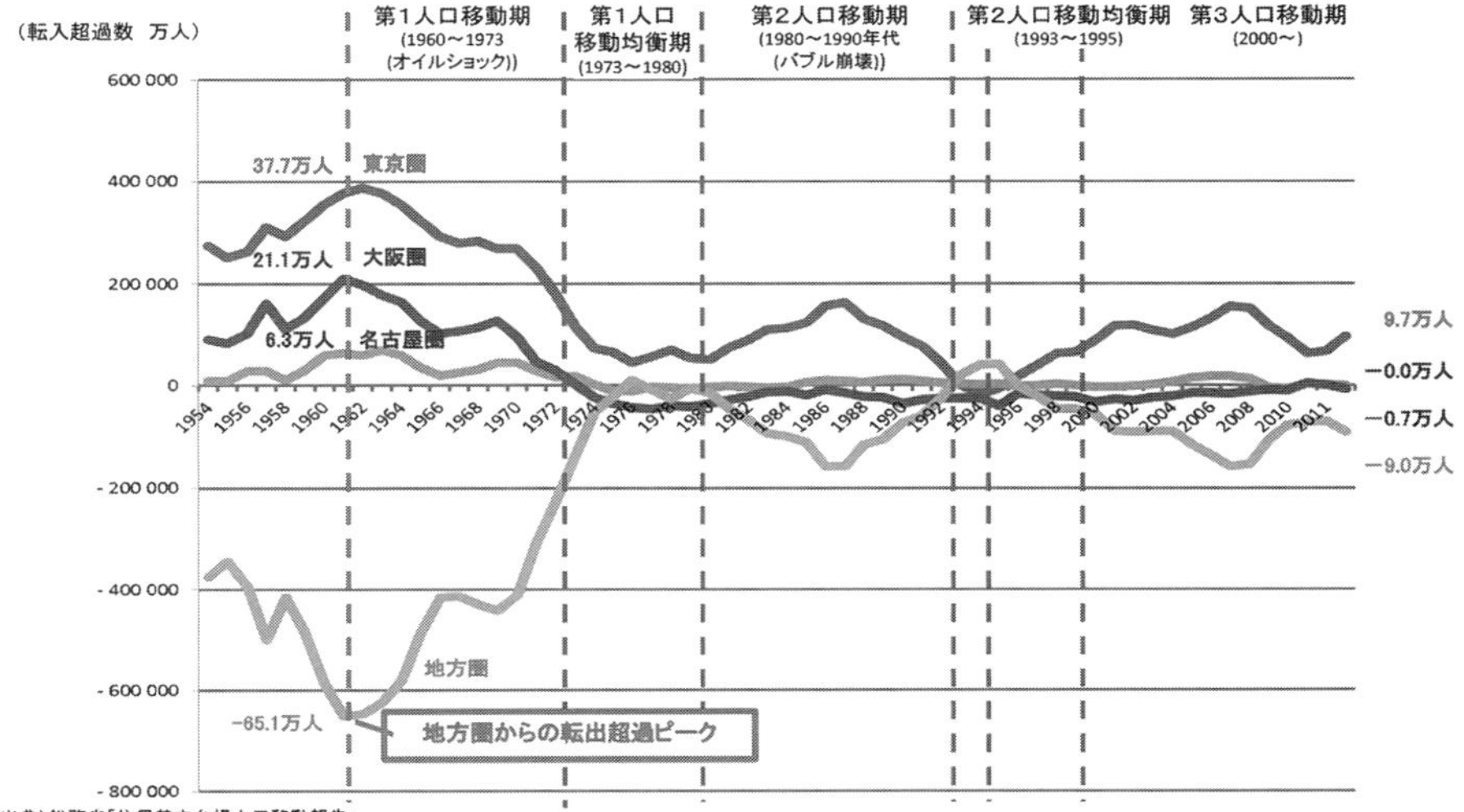

出典)総務省「住民基本台帳人口移動報告」
注)上記の地域区分は以下の通り。
東京圏:埼玉県、千葉県、東京都、神奈川県　名古屋圏:岐阜県、愛知県、三重県　大阪圏:京都府、大阪府、兵庫県、奈良県
三大都市圏:東京圏、名古屋圏、大阪圏　地方圏:三大都市圏以外の地域

【図表7】三大都市圏及び地方圏における人口移動(転入超過数)の推移

した。そして、今世紀に入ると、リーマンショックの時期を除けば、再び東京圏への一極集中が進んでいます。政府は「今後も東京圏への人口流入が続く可能性が高い」と認識し、東京オリンピックが東京圏への人口流入を「増幅させる可能性が高い」と見通しています[47]。

三大都市圏の出生率が地方圏よりも低いため、人口の大都市集中は、日本全体の出生率も低下させます。政府も「東京圏への人口の集中が、日本全体の人口減少に結び付いている」との認識を示しています。2017年の出生率を都道府県別に見ると、東京は全国最低の1・21、大阪は1・35、愛知は1・54でした。全国平均1・43を上回る三大都市は愛知だけです。ちなみに、図表7の東京圏に含まれる神奈川と千葉は1・34、埼玉は1・36、大阪圏に含まれる京都は1・31、奈良は1・33と、全国平均を共に下回っていました[48]。

地方圏から大都市圏への人口移動の背景には、政府の政策誘導が大きく3つあります。自然な現象ではありません。政府も「地方から大都市に人口が移動していく現象は、決して先進国に普遍的なものではない。米国や英国では、逆に大都市の人口が減少し、地方の人口が増加している状況」との認識を示しています[49]。

第一の政策誘導は、大学の大都市への集中です。大学は東京と京都に集中

47 前掲「まち・ひと・しごと創生長期ビジョン」より。
48 前掲「まち・ひと・しごと創生長期ビジョン」より。都道府県の出生率は、前掲『少子化社会対策白書』2019、50頁より。
49 前掲「まち・ひと・しごと創生長期ビジョン」より。

し、地方の学生は否応なく大都市に出ていくことになります。都道府県別の大学収容力は、東京と京都だけが域内の18歳人口を大きく上回り、他県はすべて18歳人口の6割以下です。長野県などは2割にも達しません。大学の立地や定員数、学部の改廃は、文部科学省の厳しい統制に置かれ、地域や大学で自由にできるものではなく、国策の結果といえます[50]。

第二の政策誘導は、大都市圏と地方圏の賃金格差です。２０１８年10月の1時間当たりの最低賃金では、もっとも高い東京で９８５円、もっとも低い鹿児島で７６１円でした。かつては、大都市圏の方が地方圏よりも生活費が高く、地方圏の自治体も安い賃金を求める工場を誘致していたため、賃金格差は当然とされていました。けれども、地方圏がクルマ社会化し、全国チェーン店やインターネット販売が当たり前になると、地方圏の方が安い生活費で済むとは必ずしもいえなくなりました。また、工場がさらに安い賃金を求めて海外に移転するようになると、通貨価値や社会保障の違う海外の人件費に合わせるわけにもいかなくなりました。この最低賃金の地域格差は、国の法律に基づく仕組みです[51]。

第三の政策誘導は、大都市でのオフィス供給の拡大です。政府は、都市再生と銘打ち、大都市圏での超高層ビル建設を優遇してきました。そのため、

50 ここでいう大学収容力とは、都道府県内の大学入学者数をその都道府県の18歳人口で割ったもの。東京と京都はいずれも約140%、それらに次ぐ神奈川と大阪は約60%、最下位に位置する長野、福島、和歌山は約15%。2014年のデータに基づく。「長野県人口定着・確かな暮らし実現総合戦略参考資料」より。

51 厚生労働省ホームページ（2019年8月30日閲覧）「地域別最低賃金の全国一覧」より。

オフィス需要がひっ迫しても、新たなビルが供給されるため、企業のオフィスが地方圏に立地するメリットに乏しいのです。[52]

⑩……既存の経済構造が人口減少を招いている

２０１４年に成立した「まち・ひと・しごと創生法」は、政府と自治体に対して、長期人口見通しの作成を実質的に義務づけた点で、画期的でした。人口見通しを直視すれば、政府も自治体も人口増加を前提とした政策や経済・社会システムの全面的な見直しを迫られるからです。

ところが、人口減少への対策を講じる段階になって、政策は迷走していきました。本来であれば、非正規雇用の拡大路線を転換し、婚姻・出産のボトルネックを解消し、大都市への人口集中を助長する国策を中止し、人口増加を前提とする政策や公共事業を全面的に見直すべきでした。それらはそこそこにとどめるか、まったく手をつけず、総額２５００億円のプレミアム商品券事業など、弥縫策を目玉政策にしたのです。やがて、本来の政策転換を重視していた石破創生相の退任とともに、当初の理念と意気込みは見えなくなりました。[53]

52 都市再生は、２００２年に成立した都市再生特別措置法に基づく。高度成長期に建てられた大都市圏の古いビル群について、容積率を緩和して、超高層ビル化を進める政策。「都市再生については、我が国の活力の源泉である都市の魅力と国際競争力を高めるため、２００１年に都市再生本部を設置し、全省庁あげて取り組んできたところ」「地域の地価が指定前の１・52倍、人口が指定前の１・44倍となるなど、着実に成果が出てきています」。内閣府地方創生推進事務局ホームページ（２０１９年8月30日閲覧）「都市再生」より。

53 内閣府は商品券事業について効果検証し、１０００億円程度の需要を喚起したとしている。ただし、将来の消費の前倒しや適用外の他の商品の消費を諦めた額は推計していないため、実際の効果はこれより少ないと示唆している。内閣府地方創生推進

政府が効果的な対策を取れないのは、既存の経済構造を守り、それに依拠して経済成長を実現しようとしているからです。既存の企業が、バブル崩壊後に売上を減らしつつも、収益を確保し、事業を展開しやすいよう、政府は労働基準法など規制の緩和を進めてきました。それは、小渕政権以後の歴代自民党政権で、それまで以上に強力に進められました。2012年末に成立した第二次安倍政権も、この路線を強化しています。

その結果、企業の純利益は、バブル経済の最盛期の3倍もの額になり、過去最高の更新を続けています。1989年以降を見ると「売上高はほぼ横ばいで推移している一方、経常利益は近年増加傾向にあり、2013年度以降過去最高を更新し続け」「株主への配当金は足下増加トレンド」にあり、「企業の内部留保も増加している」状況にあります。政府の経済政策が「功を奏してきた」結果といえるでしょう[54]。

しかし、政府の経済政策の「成功」は、少子化の進行と引き換えで得られたものでした。実際、2012年から2018年の間、全企業の営業利益が55%増加した一方、人件費は0・7%しか増えませんでした。「零細企業の売り上げが伸びなかったため人員が削減され、その労働力が大企業に移る際に非正規化したため」と考えられます[55]。

54 室「地域消費喚起・生活支援型交付金事業における効果検証に関する報告書」2017年4月。1989年の当期純利益（配当金＋社内留保）総額は約20兆円で、2006年は約30兆円、2017年は約60兆円。内部留保額の総額は、1989年から一貫して増加し続け、同年の約100兆円強から、2017年の約450兆円にまで増加している。檜山直稔・荻野修平「企業の財務構造の長期推移」『ファイナンス』2019年1月。

55 野口悠紀雄の法人企業統計の分析に基づく。野口は、人件費の伸びが売上高の伸びと同率の2・5%であれば、同期間で営業利益は17%しか増えず、人件費の延びが年率3%であれば、営業利益は3%しか増えなかったと試算し、そのことから「人件費の圧迫が利益を増やした」と、人件費と利益がバーター関係にあったことを明らかにして

要するに、既存の経済構造とそれを重視する経済政策が、少子化・人口減少の主因になっています。企業の売上がかつてのように伸びなくなったなか、企業利益を拡大するために、働く人たちや地方圏にしわ寄せしてきたのです。経済の果実は、労働環境や子育て費用などに十分回されず、企業に内部留保として貯めこまれ、株主に配当として支払われています。

すなわち、経済構造が人口を規定しつつあるのです。まるでマルサスの逆を張っているようです。かつて、イギリスの経済学者マルサスは、人口は掛け算的に増える一方、生産（食料）は足し算的にしか増えないとして、人口抑制を説きました。現代日本の状況は、それと逆で、生産の増加（経済成長）に人口が追いつかず、それどころか人口抑制を招いているのです[56]。

今や、既存の経済構造を守って永遠の人口減少を受け入れるのか、それとも将来的な人口の定常化を目指して経済構造を変革するのか、二者択一の状況です。もちろん、既存の経済構造を守りつつ、何らかの僥倖に恵まれて、人口減少が止まる可能性はあるでしょう。他方、人口減少に歯止めをかけるために経済構造を変革しても、経済成長する可能性もあります[57]。

そこで、次章では、人口減少をもたらす経済構造になってしまった原因を考察します。原因を特定して、それを解決できれば、経済の発展と人口の定

いる。同「大企業の著しい利益増加は零細企業の惨状と人件費抑制が原因だ」『ダイヤモンド・オンライン』２０１９年3月21日。

56 マルサス（Thomas Robert Malthus, 1766-1834）。正確には「人口は幾何級数的に増加するが、生活資料は算術級数的に増加するにすぎない」とする見解。阿部齊・内田満・高柳先男編『現代政治学小辞典新版』有斐閣、１９９９年、４１７頁。

57 田中信一郎「日本の人口はV字回復するのか？」『エナジーデモクラシー』２０１７年9月5日。

常化を両立させられるかもしれません。その道が見えてくれば、日本にとっての新たなビジョンになるでしょう。

◉第一章参考文献（書籍のみ。その他の文献は注を参照のこと。以下同）
赤川学『これが答えだ！ 少子化問題』筑摩書房、2017年
阿部齊・内田満・高柳先男編『現代政治学小辞典新版』有斐閣、1999年
大淵寛・阿藤誠編著『少子化の政策学』原書房、2005年
大淵寛・兼清弘之編著『少子化の社会経済学』原書房、2005年
大淵寛・高橋重郷編著『少子化の人口学』原書房、2004年
鴨武彦編『石橋湛山著作集3 大日本主義との闘争』東洋経済新報社、1996年
鬼頭宏『人口から読む日本の歴史』講談社、2000年。
杉田菜穂『人口論入門』法律文化社、2017年
高橋順子『フランスはどう少子化を克服したか』新潮社、2016年
中野麻実『労働ダンピング』岩波書店、2006年
広井良典『定常型社会』岩波書店、2001年
広井良典『持続可能な福祉社会』筑摩書房、2006年
広井良典『持続可能な医療』筑摩書房、2018年
増田寛也編著『地方消滅』中央公論新社、2014年

松田茂樹『少子化論』勁草書房、２０１３年
藻谷浩介『デフレの正体』角川書店、２０１０年
山崎史郎『人口減少と社会保障』中央公論新社、２０１７年
湯元健治・佐藤吉宗『スウェーデン・パラドックス』日本経済新聞出版社、２０１０年

論争コラム……1

子どもの社会保障をどうするか?

日本では、社会保障を高齢者向けと限定して考えがちですが、実際には子どもにも社会保障が必要です。社会保障とは、一定の所得を得ていない・得られない人の生活を支える仕組みのことを指すからです。所得を得ている人にとっても、生活保険になります。

そこで、日本に必要とされる子どもの社会保障について、考えてみましょう。これについて、京都大学教授の広井良典さんは「人生前半の社会保障」と呼んでいます。

第一に、出産段階の社会保障として、出産プロセスの無償化と無痛分娩が必要です。妊娠の判明から夫に対する「父親教育」まで、出産前後の全プロセスを無償化することで、家庭の経済状況や親の体調などと無関係に、乳幼児の出産・生育環境を保障します。無痛分娩は、母親の精神的負担の緩和を通じて、生育環境の保障となります。

第二に、乳児段階で、親の育児支援をきめ細かくすることが必要です。親が必要と考えれば、シッターに預けたり、職場に連れて行ったり、柔軟に休暇を取ったりできるよう、行政と企業が支援します。親の支援を通じ、すべての乳児の生育環境を保障します。父親の育児休業の一定以上の取得義務化(パパクオーター制)も、これに含まれます。

第三に、幼児段階で、実質的な保育園(こども園)全入の体制が必要です。待機児童が発生する原因は、

第四章で触れた都市計画の杜撰さに加え、全入を前提としていないことです。小学校で待機児童が発生しないのは、全入だからです。すべての幼児が、親だけでなく、専門家の育成支援を受けられるよう保障するのです。

第四に、義務教育段階で、給食費など学校関連費用の無償化が必要です。これには、給食や校外学習、筆記用具など、直接的な関連費用だけでなく、学童保育の費用や学びの不十分な子どもへの公的な補習の費用も含みます。一方、学校の部活動やクラブ活動の時間を制限し、子どもの時間を根性主義で奪わないようにすることも重要です。

第五に、高等学校を実質的に義務化・無償化することが必要です。問題を起こした学生を退学させるのでなく、学校を通じて公的な関与を維持し、学校以外の公的機関や専門団体の力を借りながら、思春期の育成支援を保障します。私立学校生については、民主党政権の高校無償化と同様に、公立高校と同等の学費を支援するのが適当でしょう。

第六に、大学の学費低減と全世代への対応が必要です。高校までを義務化する一方、大学については、学費を値下げしつつ、必要と考えたときに何歳であっても入れるようにすることで、高卒と大卒の階層化を抑制します。東京と京都に集中しすぎている大学の地方分散も、あわせて必要です。

第七に、食事や衣服などの日常生活の保障が必要です。現在の児童手当は親の所得によって支給が決まります。そうでなく、民主党政権の子ども手当のように、所得に関係なく保障する必要があります。子どもを親の附属物でなく、一人の人間として扱うことを、社会から子どもへ明確に伝えるためにも必要です。

これら子どもの社会保障を導入すると、結果的に出生率も回復すると考えられます。

第二章

なぜ人口減少をもたらす経済になってしまったのか？

①……高度成長を実現した戦後経済

戦後の日本経済は、圧倒的な供給不足から始まりました。戦時下の抑圧が解かれ、復興への意欲が高まった上に、人々が軍や海外から復員・帰国したため、需要が大幅に増加しました。とりわけ、大都市の食糧・物資不足から、物価が急上昇し、人々を苦しめていました。[1]

供給不足の原因は、生産能力の喪失、輸送能力の喪失、管理能力の混乱にありました。生産能力と輸送能力の喪失は、戦時下の総力戦体制で「民需を犠牲にするという政策を意識的に採用」したことに加え、空襲による生産基盤の破壊と海上封鎖による船舶の喪失に伴います。管理能力の混乱は、人材が軍に徴兵・徴用されて混乱していたところ、連合国最高司令官総司令部（GHQ）による財閥解体などの「経済民主化」政策が輪をかけました。[2]

事態を早期に収拾するため、影響力を増したのが、大蔵省を中心とする経済官僚でした。占領期の大半で首相を務めた吉田茂は、池田勇人ら経済官僚を政治家に転身させ、困難な経済運営を担わせました。

彼らは、激しい供給不足と物価上昇に対処しつつ、自由貿易を重視する自由主義経済の路線を採用しました。GHQからの均衡財政要求を渋々受け入

1 「日本の戦後インフレは、第一次大戦後のドイツや同時期のハンガリーほどではなかったが、それでも1934～36年卸売物価ベースでみると1949年までに約220倍、1945年ベースでみても約70倍というハイパー・インフレとなった」。伊藤正直「戦後ハイパー・インフレと中央銀行」『金融研究』2012年1月、182頁。

2 引用は吉田裕『アジア・太平洋戦争』岩波書店、2007年、122頁。「経済民主化」は雨宮昭一『占領と改革』岩波書店、2008年、51頁。

れながらも、軍需から民需への産業転換を主導したのです。その結果、1950年代に入ると経済と国民生活は安定し始めました。その間には、経済政策を一つの大きな争点として、政官界、経済労働界、アメリカ・GHQ内の権力闘争が起き、吉田茂ら経済官僚やアメリカ国務省などが「成功」しました。[3]

その経済路線が1960年に発足した池田政権の「国民所得倍増計画」となり、1960年代の高度経済成長の呼び水となりました。また、経済よりも軍事を重視した岸信介政権が日米安全保障条約の改定で倒れ、経済重視の池田政権になったことで、その後の政権にも「軽武装・経済重視」の路線が引き継がれることになりました。[4]

高度成長の成功体験は、現在に至る日本の経済構造と人々の経済観の原型をつくりました。経済構造は、農業と衣料や日用品などの軽工業中心から、電器製品や自動車などの製造業と化学などの重工業中心に変化しました。貿易・為替・資本の自由化が進み、開放経済体制に移行しました。労働力として農村から都市に多くの人々が移動するとともに、工場の地方への立地も進みました。家電が急速に普及し、人々の生活は格段に快適となりました。人々は、所得の上昇と生活の改善によって「良き時代」として記憶するよう

3 アメリカ国務省と財界を代表するドッジ（Joseph Morrell Dodge, 1890-1964）の要求する「均衡予算と引き換えに、一ドル360円の単一為替レートを与えられて、国際経済への復帰を許された」一方、統制経済を指向する総力戦体制を主導した革新官僚らの勢力や労働組合・日本社会党グループ、社会民主主義を指向するGHQのニューディーラーの連合に対し、政治的に勝利して路線を確立した。前掲『占領と改革』162-164頁。

4 武田晴人『高度成長』岩波書店、2008年。

になりました。[5]

高度成長を終わらせたのは、1970年代のドルショックとオイルショックでした。 1971年のアメリカ・ニクソン政権によるドル・金交換停止に伴う変動相場制への移行は、急速な円高をもたらし、円高不況による供給過剰の予測が広まって「景気の牽引車であった企業の設備投資意欲は沈滞」しました。そこに決定打となったのが、1973年10月の第四次中東戦争に伴うオイルショックです。石油をはじめとする国際資源価格が高騰して「安い輸入資源に依存していた日本の高度成長に終止符」を打ちました。[6]

二つのショックは「スタグフレーション」という未経験の経済状況を、日本をはじめとする先進工業国に引き起こしました。 不況（スタグネーション）下での物価上昇（インフレーション）によって「不況対策として需要不足を財政支出拡大によって補おうとすれば、その効果が十分でないうちにインフレを加速させてしまうというジレンマ」に陥りました。[7]

高度成長の終わりによって、日本の経済路線は、成長路線か、分配路線かという、大きな岐路に立ちました。 奇しくも、1973年は福祉予算の大幅拡大で「福祉元年」と呼ばれ、成長の果実を分配する時代に入ったと思われたからです。

5 「製造工業部門の付加価値構成は、機械工業を中心に重化学工業比率が増大し、重化学工業化率は50年の46・6％から、60年の59・9％、70年の62％に上昇した。これに対応して、繊維製品などの地位が大きく後退した」。前掲『高度成長』139－140頁。1955年はテレビ、洗濯機、冷蔵庫の「普及率は10％に満たず、57年に冷蔵庫が20％でもっとも普及していたが、65年にはテレビ95％、洗濯機78％、冷蔵庫68％となり、70年代初めにはいずれも90％を超え」た。（同104頁）

6 前掲『高度成長』178－179頁、205頁。

7 前掲『高度成長』210頁。

②……成長と下落を繰り返した平成経済

高度成長後、政府と経済界が選択したのは、さらなる成長を目指す経済路線でした。他方では、1960年代後半から分配を重視する革新自治体が、東京都や大阪府、京都府などで登場しました。与党の自由民主党でも、大平正芳の「田園都市国家構想」のように新たな経済路線が提唱されました。しかし、結果的には成長重視の政策となりました。[8]

成長重視の自民党政権が採用した経済政策は、公共事業に加え、低金利、規制緩和、民営化という、新自由主義の色合いを含むものでした。当時のアメリカは、貿易と財政の双子の赤字に苦しみ、日本製品を輸出せずに国内で消費する内需拡大と、アメリカ企業や産品の進出を可能にする規制緩和を日本に強く求めていました。内需拡大と規制緩和は、日本の経済界も望むことでした。政府と日銀は、公共事業の拡大と低金利で応えました。また、1970年代から特例公債（赤字国債）を発行するようになっていたことから、政府は「増税なき財政再建」を旗印に、国鉄、電電公社、専売公社の民営化を推進しました。[9]

1985年の円高容認は、円高不況対策としての公共事業と低金利政策を

8 革新自治体とは、社会党や日本共産党など当時の野党勢力の支援を得て当選した首長の自治体で、福祉政策や公害対策を重視した。代表例は、1967年に当選した東京都の美濃部亮吉知事。1970年代後半から保守系の首長に覆されていった。田園都市国家構想とは、経済成長に代わる新たな国家目標として、大平正芳が提唱。田中角栄の「日本列島改造論」にも対抗するもので、分配を重視する福祉国家構想。藤井信幸「宮澤喜一の積極財政論」東洋大学『経済論集』43巻1号、2017年12月。

9 前掲『高度成長』232-236頁。

加速させ、バブル経済を発生させました。低金利で国内の資金量が増加する一方、円高不況を予測して企業の設備投資は活発にならず、企業の膨大な余剰資金が本業以外の投資に向かいました。主たる投資先は、土地と株でした。公共事業による開発が活発化していたため、土地の値上がりが見込めるとして、資金が土地に向かいました。また、民営化に伴う１９８７年のＮＴＴ株の上場は、株式市場を過熱させました[10]。

１９８０年代は、第一次ベビーブーム世代の消費需要も旺盛になっていました。過去最高の出生数となった１９４９年生まれは、１９８４年に35歳となり、結婚・出産、住宅や自動車などの購入、子どもの教育など、もっとも家計から支出する時期でした。

そのため、当時の政府は、単なる好景気と誤認し、バブル発生を認識できず、経済の過熱を抑えられませんでした。それどころか、それまでの輸出主導に代わり、内需主導の新たな経済成長モデルを確立したと錯覚していました[11]。

バブル経済の崩壊は、徐々に現実となりました。最初は、１９９０年1月4日の株価全面安から始まりました。次に、１９９１年から地価が下がり始めました。一方、百貨店の売上増加が90年代半ばまで続くなど、バブル気分

10 円高容認とは、１９８５年9月の先進5か国蔵相会議におけるドル高是正のための協調介入の合意のこと。ニューヨークのプラザホテルで合意されたことから「プラザ合意」と呼ばれる。前掲『高度成長』２３６－２３７頁。

11 「昭和62年度の日本経済は、急速な景気上昇の年となった。国内需要は民間需要、公的需要とも堅調な伸びを示し、内需主導型経済成長が実現した」。経済企画庁『経済白書』１９８８年度版。

がすぐに失われたわけではありませんでした。[12]

そのため、政府の対応は後手に回り、公共事業を中心とする一般的な景気対策を講じていました。当時の政府は、記録的な円高、日米構造協議、農産物の自由化拡大への対応を重視していたからです。[13]

バブル崩壊への対処は、1990年代の半ばから始まり、2000年代半ばまでかかりました。大企業と金融機関、監督機関の大蔵省の不祥事が次々に発覚する一方、地価と株価の下落による巨額の不良債権をほとんどの金融機関が抱えていました。それを処理し、金融システムを正常化するために、政府は約10兆円の公的資金を投入し、約39兆円分の不良債権の無税償却を認めました。約50兆円の国民負担で、バブル経済の後始末をしたのです。[14]

その後、経済の立て直しが進み始めたところで、アメリカ発の世界金融危機で経済が落ち込みました。2002年1月に景気の底となり、緩やかながらも回復し続けましたが、2007年のサブプライム問題で景気停滞となり、2008年のリーマン・ブラザーズ破綻（リーマンショック）で大きく落ち込んだのです。リーマンショックは、当事国のアメリカよりも、ユーロ圏のヨーロッパよりも、日本にもっとも大きな打撃を与えました。[15]

12 野口悠紀雄『平成はなぜ失敗したのか』幻冬舎、2019年、40－46頁。

13 バブル経済の崩壊に対する、政府の当初の認識は「経済のバランスを基本的に保とうとする動きの下での自律的な調整」であった。経済企画庁『経済白書』1992年度。1ドル120円前後で推移していた為替は、1993年から円高傾向となり、1995年4月には1ドル79円にまで達した。前掲『平成はなぜ失敗したのか』50頁。また、日米構造協議とガット・ウルグアイラウンドでの農産物の自由化拡大の合意により、公共事業を大幅に拡大することになった。

14 前掲『平成はなぜ失敗したのか』113－117頁。

15 アメリカ、ユーロ圏、日本のなかで、リーマンショック後にもっとも実質GDPが落ち込んだのは、日本であった。中島厚志「リーマンショック後の日米欧

③……アベノミクス前哨戦だったバブル後の経済政策

バブル崩壊からリーマンショックまでの経済政策は、後のアベノミクスの原型となりました。経済状況を名目ＧＤＰで見ると、バブル経済直前の１９８５年に３３４兆円だったのが、バブル崩壊時の１９９０年に４５７兆円、金融危機時の１９９７年に５２１兆円、景気の底となった２００２年に４９８兆円、リーマンショック直前の２００７年に５１３兆円となっていました。バブル崩壊後に、経済の伸びが１％前後の微増傾向になり、１９９３年に初の前年比マイナスを記録してから、マイナス成長もしばしば発生しました[16]。

バブル崩壊後の最初の経済政策は、公共事業の拡大でした。政府の公共事業費は、オイルショックから大きく伸び、バブル最盛期の１９８７年度には８兆円を突破しました。バブル後はさらに拡大し、１９９３年に12兆円を超え、金融危機の１９９８年には、小渕政権によって過去最高の14兆８千億円に達しました。その後は徐々に12兆円から８兆円へと減少しました。公共事業の拡大は、低迷する経済を下支えした一方、建設産業の公共事業への依存を高め、政府と自治体の財政悪化を招きました[17]。

次の経済政策は、円高対策の為替介入でした。バブル崩壊後の最初の大規

経済を振り返る」経済産業研究所ホームページ（２０１９年８月31日閲覧）。

16　名目ＧＤＰは、内閣府『経済財政白書』２０１２年度の国民経済計算に基づく。

17　政府の公共事業費の推移は、内閣府「社会資本整備等の現状」２０１５年８月28日経済財政諮問会議資料に基づく。国土交通省「建設投資見通し」の「建設投資額の推移」によると、約20兆円で推移してきた政府と自治体の公共事業費の合計が、１９９０年代に35兆円前後まで拡大し、２０００年代にかつての20兆円前後まで戻った。政府の公共事業費の伸びに対して、建設投資の総額が減少しているのは、１９９０年代の公共事業によって財政悪化した自治体が、公共事業費を抑えざるを得なかったためと考えられる。

模な介入は、1ドル110円を切った1993年でした。次は1ドル90円を切った1995年から96年にかけてと、1ドル120円を切った1999年から2000年にかけて。再び1ドル120円を切った2003年から2004年にかけては、史上最高額の介入が行われました。円高は日本の購買力を高める一方、輸出産業の国際競争力を弱めるため、産業保護の観点から介入が行われました[18]。

第三の政策は、所得税の減税でした。バブル崩壊前の個人所得税は最高税率70%・課税最低限235・7万円で、1994年に最高税率50%・課税最低限327・7万円、2006年に最高税率37%・課税最低限325万円となりました。法人所得税の基本税率は、バブル経済最中の1987年に43・3%から42%へ、1989年に40%へ、1990年に37・5%と下げられ、景気の過熱を助長していました。その後、経済対策として1998年に34・5%、1999年に30%へと減税されました。所得税の減税は、中間層の給与所得者や、法人税の低い海外企業と競争する企業から歓迎された一方、税の景気に対する弾力性を損ない、消費税増税の根拠になりました[19]。

金融機関の不良債権処理は、本来ならば経済の最優先課題でしたが、金融機関の相次ぐ破たんを受けた後の泥縄になりました。不良債権の発生によっ

18 為替介入の推移は、三菱東京UFJ銀行経済調査室「日本の為替介入」『経済レビュー』2010年9月15日に基づく。なお、1ドル140円となった1998年には、例外的に円安対策の介入が行われた。

19 財務省ホームページ（2019年9月1日閲覧）「わが国の税制の概要」より。

て、国民総生産（ＧＮＰ）381兆円が失われ、1993年から2005年までの実質経済成長率を年率換算で最大1・2％押し下げたとの試算があります。バブル経済の爪痕と処理を先送りしたツケの大きさがうかがわれます。[20]

第五の政策は、世界初の金融の量的緩和でした。日本銀行は2001年から2006年まで、金融機関から国債を購入して市中の資金量を増加させようとする量的緩和政策を実施しました。すでにゼロ金利政策を採用し、金利を下げる余地が乏しかったためです。ところが、極めて低い金利であっても企業の投資需要を喚起できず、市中の資金量はほとんど増えませんでした。すなわち、不発に終わったのです。[21]

第六の政策は、規制緩和と民営化でした。硬直化した政治と行政が透明で公正になり、新たな産業が創出されるとの期待もありましたが、そうした点は中途半端に終わり、派遣労働が実質自由化されたり、地方での医師不足を招いたり、日本郵便株式会社というガリバー企業が生まれたりと、個人や地域の「格差を一層拡大させ、地域の少子高齢化を進行」させることになりました。一方、期待された「ＩＴ関連産業をはじめとする先端産業ではどんどん遅れて」いきました。その結果、自民党への期待が失望に転じ、政権交代が起きました。[22]

20 櫻川昌哉・渡辺善次「不良債権で失われた資本と算出」内閣府経済社会総合研究所ホームページ（2019年8月31日閲覧）。
21 野口悠紀雄『異次元緩和の終焉』日本経済新聞出版社、2017年、24-30頁。
22 金子勝『平成経済　衰退の本質』岩波書店、2019年、98-114頁。

④……総力戦のアベノミクス

バブル崩壊後の経済政策は、企業の旺盛な設備投資意欲の存在を前提とし、公共事業と減税で刺激し、円高や金利、規制の外的要因を取り除けば、再び力強く成長するとの考え方でした。経済構造にメスを入れた例外は、現実に追い詰められた不良債権処理だけでした。

その結果、2000年代半ばに緩やかな回復基調になりましたが、2008年のリーマンショックで再び大きく落ち込みました。アメリカなどへの輸出と世帯数増加に伴う個人消費がけん引する経済構造だったため、リーマンショックによる外需喪失影響が、主要国でもっとも大きく表れました。それによって、若者の失業率が7・2%から9・1%と急増しました[23]。

リーマンショック後に大きな問題とされたのが、物価の下落傾向（デフレーション）でした。政府は、2001年から2006年の間と、2009年から再びデフレになったと判断していました。そのため、物価の下落を予想するデフレマインドが、実体経済を下押しする原因になっているとの見方が、政官財の各界で強まりました[24]。

政権運営に失敗した民主党に代わり、2012年末に成立した自民党の安

23 内閣府『経済財政白書』2010年度版。ここでいう若者とは15－24歳の世代で、一年間で1・9%増加した一方、全年齢平均の失業率は1・1%の増加だった。リーマンショックで、非正規雇用の若者たちが雇用の調整弁になった。

24 政府のデフレ定義は「物価の持続的な下落」である。前掲『経済財政白書』2010。

倍政権は「デフレからの脱却」を旗印に、経済政策「アベノミクス」を展開しました。図表8のとおり「大胆な金融政策」「機動的な財政政策」「民間投資を喚起する成長戦略」の「3本の矢」で「持続的な経済成長（成長率3％）」を目指すものでした。[25]

アベノミクスは、バブル崩壊後の経済政策を同時かつ大規模に実施するもので、従来の経済構造を維持しつつ経済成長を目指す、政官財の総力戦です。首相の安倍と副総理・財務・金融相の麻生太郎は、ともに首相経験者で、元

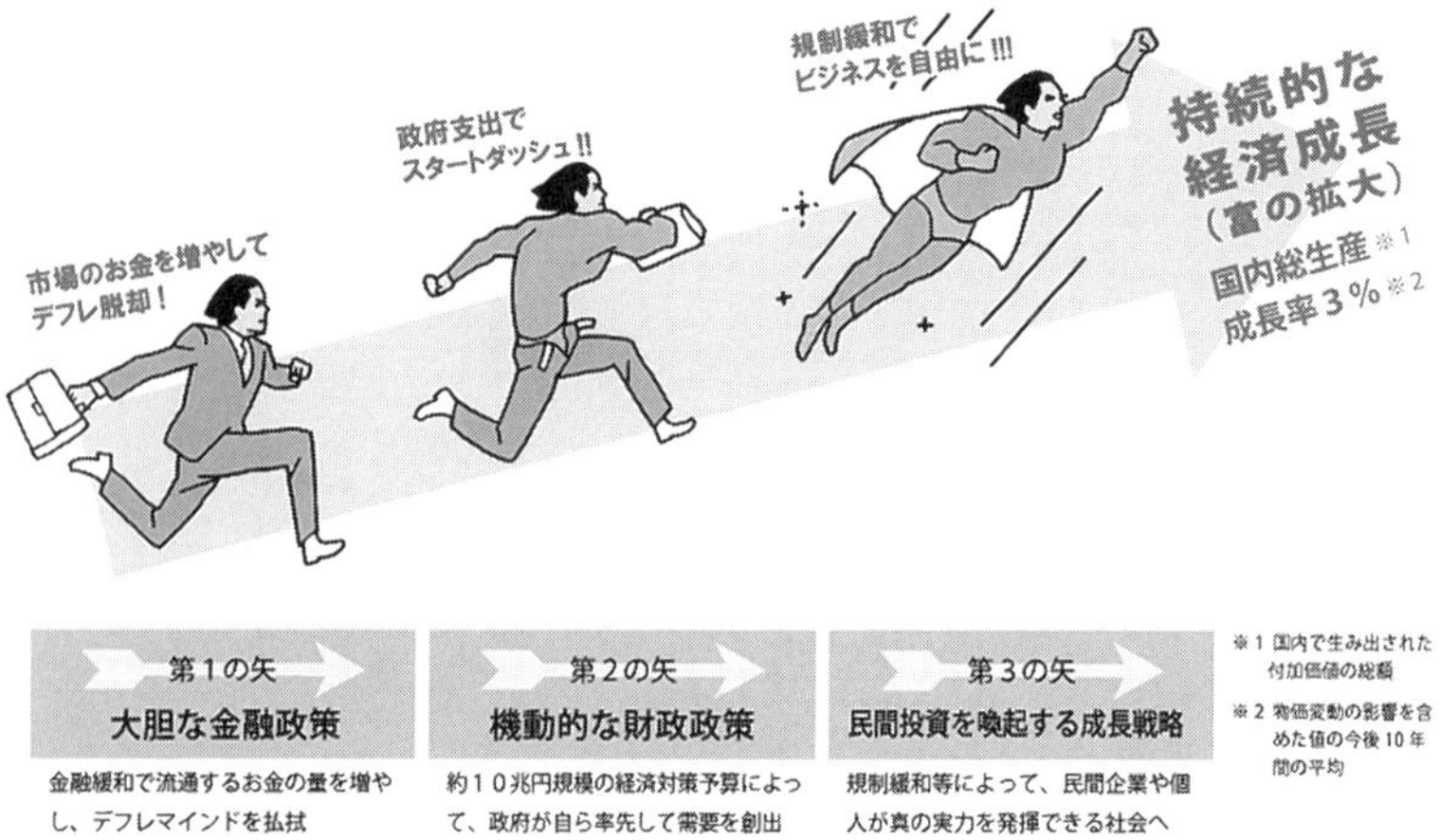
市場のお金を増やして
デフレ脱却！
政府支出で
スタートダッシュ!!
規制緩和で
ビジネスを自由に!!!
持続的な
経済成長
（富の拡大）
国内総生産※1
成長率3％※2
第1の矢
大胆な金融政策
金融緩和で流通するお金の量を増やし、デフレマインドを払拭
第2の矢
機動的な財政政策
約10兆円規模の経済対策予算によって、政府が自ら率先して需要を創出
第3の矢
民間投資を喚起する成長戦略
規制緩和等によって、民間企業や個人が真の実力を発揮できる社会へ
※1 国内で生み出された付加価値の総額
※2 物価変動の影響を含めた値の今後10年間の平均

［図表8］アベノミクス「3本の矢」

25 首相官邸ホームページ（2019年9月1日閲覧）より。

首相の孫でもあり、自民党の二大源流を派閥・血筋ともに継いでいます。また、公共事業の拡大を強く主張する二階俊博を総務会長や幹事長などの党要職に起用しました。経済政策の司令塔となる経済財政諮問会議には、経団連と経済同友会の幹部が入りました。規制緩和を主導する産業競争力会議には、小泉政権で「構造改革」を主導した竹中平蔵が入りました。官邸の要職には、首相の政務秘書官に経済産業省官僚の今井尚哉を起用するなど、経産官僚を配置し、各府省と政策を統制しています。[26]

なかでも中心となったのは、金融政策です。日銀首脳を黒田東彦や岩田規久男などのいわゆる「リフレ派」に交代し、毎年２%ずつの物価上昇という「インフレ目標」を掲げ、10年近くＧＤＰ比30%前後で推移していたマネタリーベースを２０１７年までに90%近くまで急増させる「異次元の金融緩和」を実施しました。[27]

この金融政策は、金利を極限まで引き下げ、急激な円安をもたらし、株価を大きく上昇させました。金融機関の利率の基本となる日銀の無担保コールレートは、２００８年から０・１%となっていましたが、それをさらに引き下げ、２０１６年からはゼロを下回るようになりました。２０１２年９月１日に１ドル77円台になっていた為替は、そこから急激な円安に転じ、２０１

26 産業競争力会議は、２０１６年から未来投資会議に引き継がれている。両会議で継続して民間議員を務めているのは、竹中平蔵のみ。首相官邸ホームページ（２０１９年９月１日閲覧）に基づく。政官財の総力戦との見方については、田中信一郎「安倍政権とは何か?」『ハーバービジネスオンライン』２０１８年５月11日を参照のこと。

27 マネタリーベースとは「日本銀行が世の中に直接的に供給するお金」で「市中に出回っているお金である流通現金（「日本銀行券発行高」＋「貨幣流通高」）と日本銀行当座預金（日銀当座預金）の合計値」のこと。日本銀行ホームページ（２０１９年９月１日閲覧）より。マネタリーベースのデータは、明石順平『データが語る日本財政の未来』集英社インターナショナル、２０１９年、１３５頁より。

3年5月1日に100円台、2015年5月1日には124円台まで安くなりました。日経平均株価は、2012年の終値平均で10395円だったのが、2013年に16291円、2017年には22764円まで上昇しました。[28]

このように、政官財の総力戦であるアベノミクスは、大成功を収めているように見えます。実際、政府は、アベノミクスによって「企業収益が過去最高」「企業の人手不足感は四半世紀ぶりの高水準」となり、「所得の増加が消費や投資の拡大につながる」ことで、「2012年11月を底に緩やかな景気回復」が続き、2002年2月から2008年2月までのそれを上回る戦後最長の「景気拡大局面」という認識を示しています。[29]

⑤……景気拡大とデフレの矛盾

一見、大成功を収めているように見えるアベノミクスですが、肝心の「デフレからの脱却」は道半ばです。政府も「物価については、デフレ脱却に向け着実に局面変化は見られるものの、デフレを脱却し、安定的な物価上昇が見込まれるところまでには至っていない」と認めています。[30]

28 無担保コールレートは、日銀ホームページ（2019年9月1日閲覧）に基づく。為替レートは、ロイターホームページ（2019年9月1日閲覧）に基づく。日経平均株価推移は、日経平均プロフィルホームページ（2019年9月1日閲覧）に基づく。

29 内閣府『経済財政白書』2018年度版。本白書の後、2018年12月13日に開催された内閣府景気動向指数研究会は、景気拡大局面が戦後最長を超えたと認定した。同研究会資料に基づく。

30 前掲『経済財政白書』2018。2019年度の『経済財政白書』も「デフレからの脱却」を認めるに至っていない。

政府は、デフレを経済低迷の主因と認識しています。デフレによって「実質債務負担が増加し、実質賃金や実質金利の上昇によって企業収益が圧迫され、その結果、企業は投資や賃金を減らさざるを得なくなり」「待てば待つほど価格が下がるため、消費や投資の先送りにつながり」「人々のデフレマインドが継続すると、需要の低下を通じてデフレをさらに加速させるという悪循環」になるとしています。[31]

要するに、政府の認識では、アベノミクスが戦後最長の景気拡大をもたらした一方、目標とするデフレ脱却と経済成長では効果を上げていないことになります。企業収益が過去最高で、株価が２万円台を回復し、完全雇用に近いにもかかわらず、目標としている成長率３％を達成できていません。安倍政権になってからは、２０１３年度と２０１７年度の１・６％が最高です。[32]

この「矛盾」を解くカギは、実質賃金にあります。図表９は、２０１２年を１００とした賃金と物価、消費の推移です。人々が手にする給料の額（名目賃金）は、６年間で１００→１０２・81と上昇しましたが、それ以上に物の値段（消費者物価指数）が１００→１０６・６と上昇してしまったため、人々が実際に使える金額（実質賃金）は１００→96・44と下がってしまいました。その結果、各家庭の消費（実質世帯消費動向指数）は１００→90・72と落ち

31 前掲『経済財政白書』２０１９。
32 前掲『経済財政白書』２０１８。

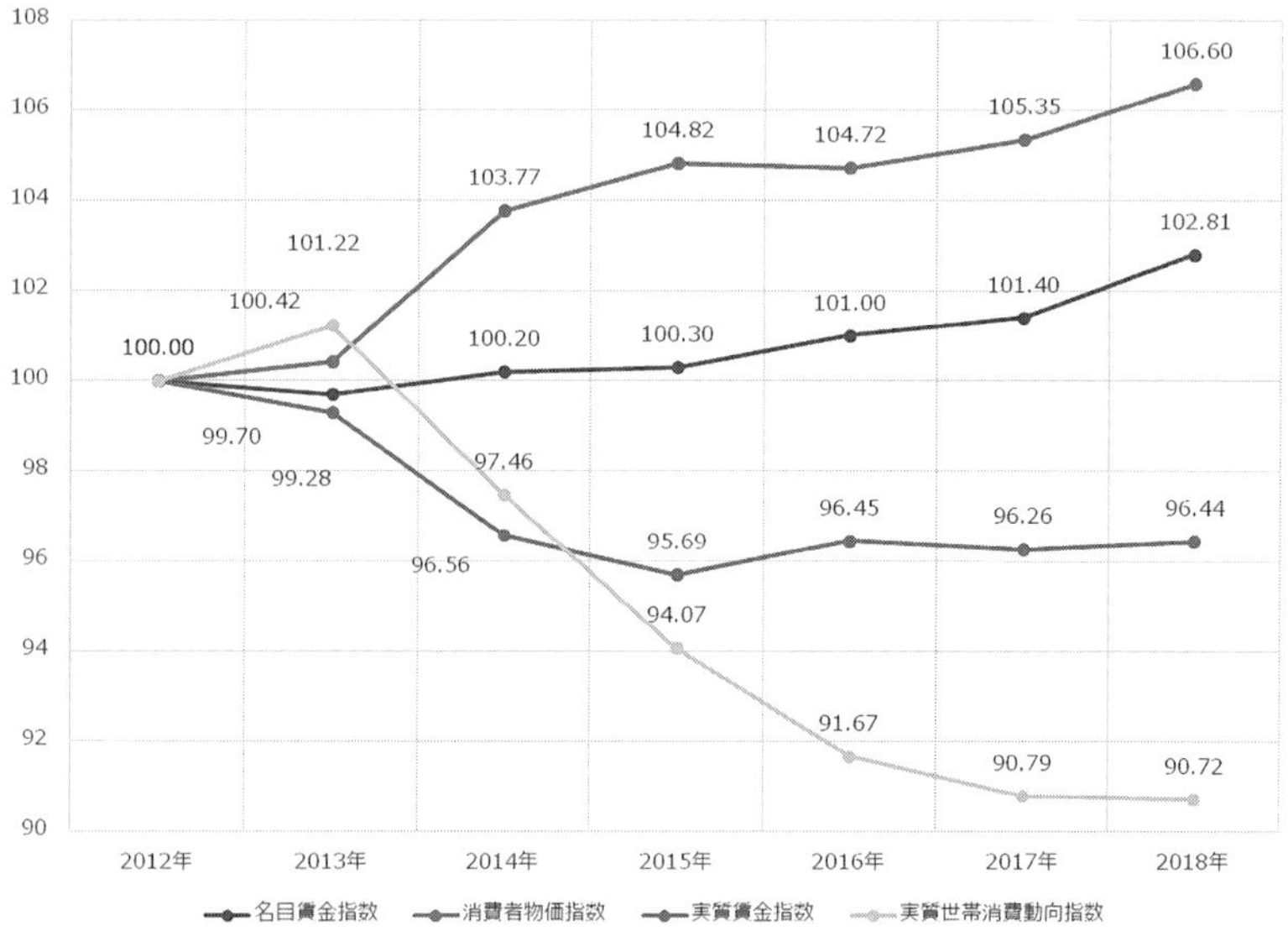

［図表9］ 賃金・物価・消費の推移（2012年＝100）

込んでしまっているのです。これは、企業が人件費を抑えて、その分だけ収益に回したと明らかにした、前述の野口悠紀雄の分析と符合します。賃金の伸び悩みは、マクロ経済スライドによって年金にも反映されます[33]。

実質賃金の低下と過去最高の企業収益というデータは、デフレで実質賃金が上昇して企業収益を圧迫するという、政府の説明と真逆です。実は、政府も「賃金がしっかりと上昇していくことは、物価上昇圧力を高めるとともに、消費を喚起することによって需要面からも物価上昇を下支えする効果があり、最重要課題」との認識を示しています。ただ、政府は「デフレからの脱却」を依然として目標としており、実質賃金を上げたいのか、上昇による企業収益の圧迫を恐れているのか、矛盾しているのです[34]。

実質賃金の低下は、人々の生活を苦しくし、個人消費を低迷させています。実質GDPへの個人消費の寄与度は、2013年度を除けば、アベノミクス前の2012年度を超える年はなく、その半分もいけばいい方でした[35]。

個人消費は、GDPの過半を占めており、その拡大が経済の持続的な成長に不可欠です。2017年のGDPでは、個人消費が55・5%を占めています。それに、公需の24・7%、輸出の17・8%が続き、企業の設備投資は15・6%です。一方、輸入が16・8%を占め、その分だけGDPをマイナス

33 野口の分析は、前掲「大企業の著しい利益増加は零細企業の惨状と人件費抑制が原因だ」による。
34 前掲『経済財政白書』2018。
35 前掲『経済財政白書』2019の第1-1-1図に基づく。

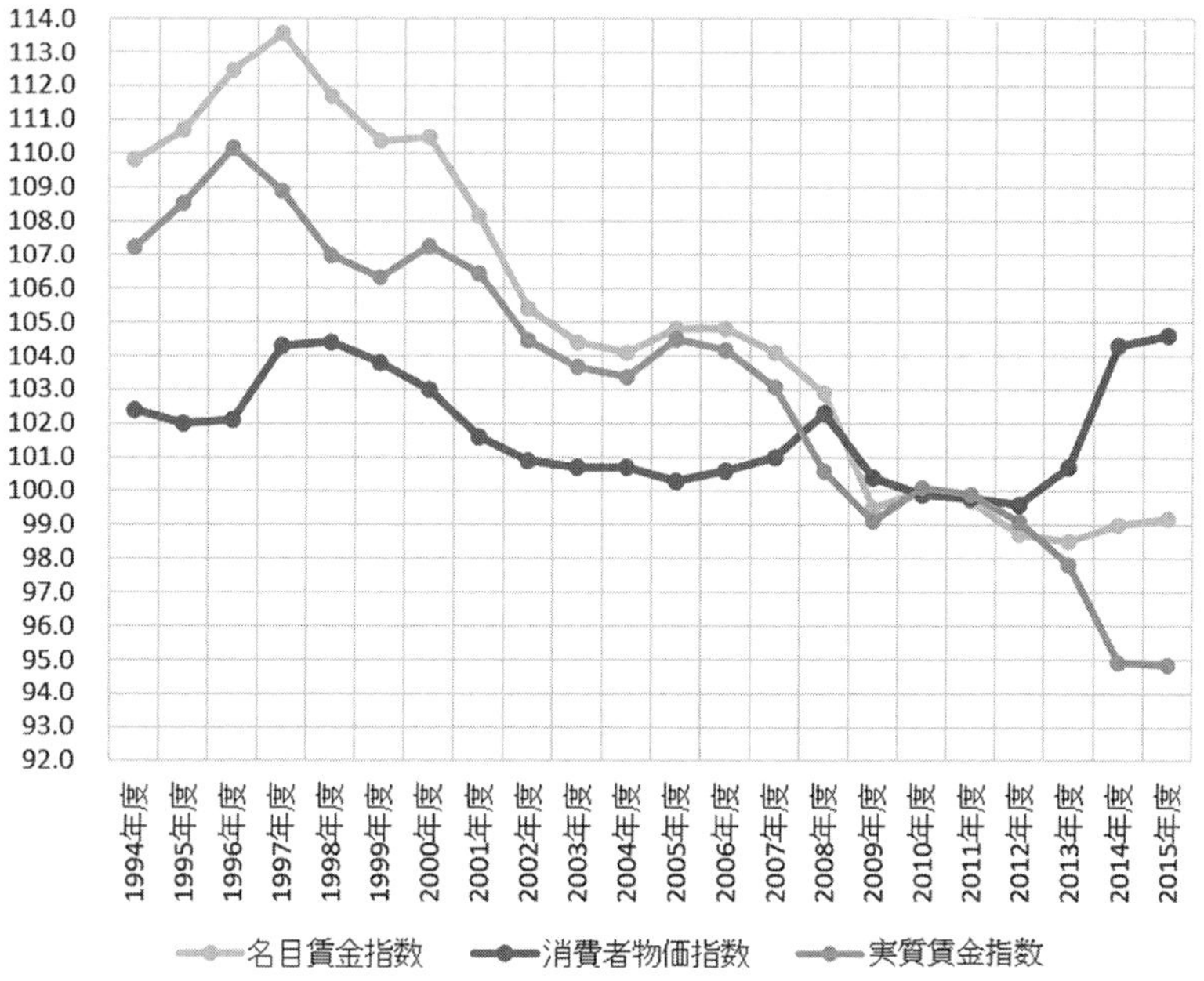

［図表10］ 名目賃金・実質賃金・消費者物価指数の推移（2010年＝100）

していきます。輸入は、石油など国際資源価格の影響を大きく受けます。[36]

実質賃金は、バブル崩壊からアベノミクスの現在に至るまで、低下を続けています。図表10は、１９９４年から２０１５年までの20年間の推移です。名目賃金は、２００８年頃から横ばい傾向となりましたが、２０１３年からの物価上昇によって、実質賃金はさらに低下しました。

つまり、実質賃金の増加を実現できなかったことが、個人消費を低迷させて経済の足を引っ張り、生活を苦しくして少子化を助長していたのです。すると、物価が上昇しないデフレ現象は、経済低迷の主因でなく、結果になります。政府の経済政策は、バブル崩壊後からアベノミクスに至るまで、物価上昇が賃金増加をもたらすと、因果関係を逆に捉えていたのです。[37]

⑥……景気変動の問題なのか

戦後の景気拡大局面で、最長と二番目は、いずれもバブル崩壊後です。最長は２０１３年からで、二番目は２００２年からです。

一方、いずれの局面も実質賃金は低下傾向で、政府はデフレとの認識を示しています。あたかも共通キーワードのように指摘されるのは「実感なき景

36 前掲『経済財政白書』２０１９に基づく。

37 田中信一郎「アベノミクスの果実は下まで来ない。必要なのはボトムアップ社会への転換」『ハーバービジネスオンライン』2019年3月14日。

気回復」です。[38]

二度の景気拡大においても、個人消費が安定せず、企業の設備投資が伸び悩むのであれば、日本経済の大きな問題が、景気変動でない点に存在すると考えられます。経済が景気変動と無縁であることはないのですが、当の政府が、6年以上続けたアベノミクスで「戦後最長の景気拡大をもたらした一方、目標とするデフレ脱却と経済成長では効果を上げていない」との認識を示す以上、景気変動で解決できない大きな問題があるとの考え方が有力になります。

高度成長後から振り返れば、一貫して景気変動の問題として、政府の経済政策は展開されてきました。一時的な需要不足を公共事業と減税で補い、一時的な円高を為替介入で円安にし、一時的なデフレマインドを異次元の金融緩和で変化させようとしてきました。その根底には、一時的に消極的になっている、企業の設備投資意欲を引き出せば、高度成長のように自律的な経済成長が再び導かれるという経済観があります。

これまで40年以上にわたり、景気対策としての経済政策が展開されてきたにもかかわらず、自律的な経済成長は未だ見通せません。バブル経済の最中は、政府を含めた国中がそうと錯覚していましたが、今やそうでなかったこ

38 例えば「6年2カ月実感なき景気回復最長」『日本経済新聞』2019年2月2日朝刊。

とは明らかです。それどころか、前述したように大きな爪痕を日本経済に残しました。

　実は、日本経済の問題が景気変動と別にあるのではないかという提起は、既に1970年代になされていました。提起したのは、池田首相を側近として支えた大平正芳と下村治です。大平は、経済成長を重視しない「日本型福祉社会」のビジョンとして「田園都市国家構想」を打ち出しました。高度成長を理論面で支えた下村は、資源エネルギーの限界からゼロ成長論を唱えました。下村は、景気対策で「無理に成長率を押し上げようとすれば財政インフレや財政破綻を免れず、景気好転後に財政再建しようと増税を図ることも難しい」と考えていました。まるで、現在の経済状況や大都市集中を予見していたかのようです[39]。

　それら提起の背景になったのは、高度成長とオイルショック以降で、経済の前提条件が大きく変化したとの認識です。国内各地の公害問題を受けた公害国会が1970年、ローマクラブによる「成長の限界」報告が1972年、第一次オイルショックが1973年と、日本だけでなく、国際的に経済成長への疑問が呈されていました。

　それでは、バブル崩壊後の日本が抱える、経済の前提条件の変化は何でし

39 前掲「宮澤喜一の積極財政論」49－52頁。

ょうか。前提条件が間違っていれば、公共政策の効果が発揮されないのは、当然のことです。現実の前提条件によっては、無効どころか、有害になることすらあります。理論として正しいマクロ経済政策が通用しないことも、不思議ではありません。

日本経済の前提条件は、次の3点で大きく変化し、あるいは変化しつつあります。

◆人口構成
◆国際環境
◆基盤技術

変化の中身と影響について、それぞれ具体的に考察してみましょう。そこから、日本経済が持続的に活力を維持し、人々の生活が改善するための突破口が見えてくるはずです。

⑦……人口構成の変化

人口増加から人口減少への変化は、日本経済において最大の前提条件の変化となります。それも、少子高齢化として、年齢構成が高齢化へと急速にシフトしながらの変化です。総人口数だけ見ると、過去に戻るだけのように見えますが、そうではありません。同じ人口５０００万人程度でも「１９１１年頃の日本は高齢化率（65歳以上人口割合）が５％程度であったのに対し、２１００年の日本は40％を超える水準にまで高齢化率が高まっている」ことになります[40]。

経済に与える影響の第一は、ＧＤＰの過半を占める内需の縮小です。２０１７年度のＧＤＰで個人消費の占める割合は、55・５％でした。過去のＧＤＰを見ても過半を超えています。一人当たりの消費額が同じであれば、人口減少に伴って減少することになります。消費の主力を占める生産年齢人口のピークが１９９５年、総人口のピークが２００８年でした。そして、もっとも消費動向に影響を与える世帯数のピークは、２０２３年に迎えると予測されています[41]。

第二の影響は、生産活動の縮小です。既に、２０１９年の有効求人倍率が１・６倍と高い水準で「幅広い業種で人手不足感が高まる」状態にあり、労働力の不足が生産活動を制約しつつあります。加えて、内需を対象とする企業においては、人口減少が確実であることから、設備投資に積極的となりにくい状況です。農林漁業に至っては、労働力と内需の減少だけでなく、従事

40 前掲「まち・ひと・しごと創生長期ビジョン」より。
41 国立社会保障・人口問題研究所「日本の世帯数の将来推計（全国推計）」２０１８年１月12日の推計に基づく。

者のさらなる高齢化と地方からの人口流出の4重苦が直撃します[42]。

第三の影響は、インフラ費用の増加です。これまで、政府と自治体は、人口増加を前提にして、道路、ダム、水道、空港、港湾、公共施設など、経済活動の基盤となる多数のインフラを整備してきました。現在も、人口増加期に計画されたインフラの新規建設が続いています。それらインフラには、巨額の維持費がかかり、使い続けるには人口減少になっても、負担を止めるわけにはいきません。それは、一人当たりのインフラ費用が増加し、個人と企業の重荷になることを意味します[43]。

第四の影響は、人口の高齢化に伴う社会的な課題の増加です。とりわけ、年金などの社会保障に与える影響は大きく、生産年齢人口の減少と高齢人口の増加によって、現行の社会保障制度では、年金支給額の減額などは避けられない状況です。人口増加の時代に、それを前提として設計された社会システムは、多少の修正で解決できるものではありません。制度の存続はできても、人々を支える機能は存続されないことになります[44]。

第五の影響は、不動産を中心とする国内資産価値の低下です。GDP構成で、かつてほどの割合を占めなくなった住宅建設（1994年5・3%→2019年3・2%）ですが、人口減少でさらに低下します。個人と企業の所有する

42 引用は前掲『経済財政白書』2019より。

43 国交省は、道路やダム、下水道などの国交省所管の国・自治体のインフラについて、2018年度の維持管理・更新費5・2兆円が、2028年度に6・4兆円、2038年度に6・6兆円、2043年に7・1兆円に増加すると推計している。これに、他府省や民間の所管するインフラは含まれていない。同「国土交通省所管分野における社会資本の将来の維持管理・更新費の推計」2018年11月30日。

44 厚労省による2019年度の年金の財政検証によると「経済成長率がもっとも高いシナリオでも将来の給付水準（所得代替率）は今より16%下がり、成長率の横ばいが続くケースでは3割弱も低下する。60歳まで働いて65歳で年金を受給する今の高齢者と同水準の年金を現在20歳の人がもらうには68歳まで働く必要

土地の価格もさらなる低下傾向となり、担保価値の低下として資金調達の足を引っ張ります。個人が放棄した土地などを社会全体で管理する費用も発生します。資産価値の低下が管理の意欲を失わせ、人口減少が相続者の不存在を増やす一方、社会全体としては国土として管理する必要性があるためです。[45]

第六の問題は、対策資源の不足です。人口減少に伴う内需の縮小と生産の制約は、税収の減少に直結します。一方、労働力の不足は、問題に取り組む公務員の人材について、企業と奪い合う関係を強めます。既に、ほとんどの自治体は、１９９０年代の公共事業の拡大と、それによる財政難と公務員削減で、疲弊しています。しかも、人口減少は有史初のことで、行政のもっとも苦手な「前例のない課題」を多数発生させます。[46]

要するに、人口増加を前提としてきたすべての政策について、人口減少を前提とするものへと転換することが必要になっています。

⑧……国際環境の変化

国際社会の変化に伴う国際的な経済ルールの変更は、日本経済において人口減少に次ぐ前提条件の変化となります。日本では、長らく世界のＧＤＰで

がある」ことが、明らかになった。『日本経済新聞』２０１９年８月27日。詳細は厚労省ホームページ（２０１９年９月２日閲覧）による。

45 ＧＤＰに占める住宅の割合変化は、前掲『経済財政白書』２０１９に基づく。土地問題は、自治体において既に直面する現実の課題になっている。吉原祥子『人口減少時代の土地問題』中央公論新社、２０１７年。

46 全都道府県・市町村の財政を合計すると、１９９０年代は15％前後あった土木費が、２０１０年代は８％弱に低下している。逆に、公債費は１９９０年代の10％代前半から、２０１０年代の10％代後半に増加している。総務省『地方財政白書』２００５年度及び２０１９年度に基づく。

2位だったのが、中国に抜かれて3位になったことのように、日本の経済的な地位の低下が話題になりやすいのですが、そこは相対的なもので、さほど重要ではありません。経済をめぐる国際的なルールが、1990年代から大きく変わりつつあることが、重要になります。[47]

第一のルール変更は、冷戦の終了に伴う、日米の経済関係で安全保障を考慮する必要性の低下です。輸出先としてアメリカの占める割合は、1990年の31・5%・1位から、2018年の19%・2位に低下し、代わりに中国が23・2%を占めています。これは、日米の経済関係において、双方の利益を真正面から主張し合える環境になったことを意味します。[48]

第二のルール変更は、円安が絶対善でなくなったことです。2017年のGDPに占める貿易は、冷戦を終えたばかりの1994年に比べて、輸出(9・0%→17・8%)輸入(▲7・1%→▲16・8%)ともに、割合を増加させています。そうしたなか、図表11のように、貿易赤字が発生するようになりました。円安は、輸出の際には輸出先での価格の低下となって有利になる一方、輸入や投資収益を円に換える際には、不利になります。近年、日本の企業は対外直接投資を急速に拡大させているため、その収益を国内に還流させるにあたって、円安が問題になります。[49]

47 「中国GDP、世界2位確実に」『日本経済新聞』2011年1月20日朝刊。

48 GDPは前掲『経済財政白書』2019より。輸出先の割合は日本貿易会ホームページ(2019年9月2日閲覧)より。アメリカへの円建てでの輸出額は、1990年の13兆5600億円から2018年の15兆4700億円と微増した。なお、1990年の輸出先上位10か国は、アメリカ、ドイツ、韓国、台湾、香港、イギリス、シンガポール、タイ、オーストラリア、カナダの順。2018年のそれは、中国、アメリカ、韓国、台湾、香港、タイ、シンガポール、ドイツ、オーストラリア、ベトナムの順。

49 「日本の対外直接投資残高は2018年末時点で1兆6459億ドルと、前年末から5・9%(911億ドル)増加、GDPに対する比率も33・1%へと上昇」

第三のルール変更は、潜在的な貿易相手国の多角化と、相手国の生活水準の向上による利益の増加です。工業先進国とそれ以外の国々の間で、国力や技術力に大きな差があった時代は、輸出先としての主たる市場は他の工業先

し、2008年の10%強から急増している。日本貿易会「ジェトロ世界貿易投資報告」2019年。

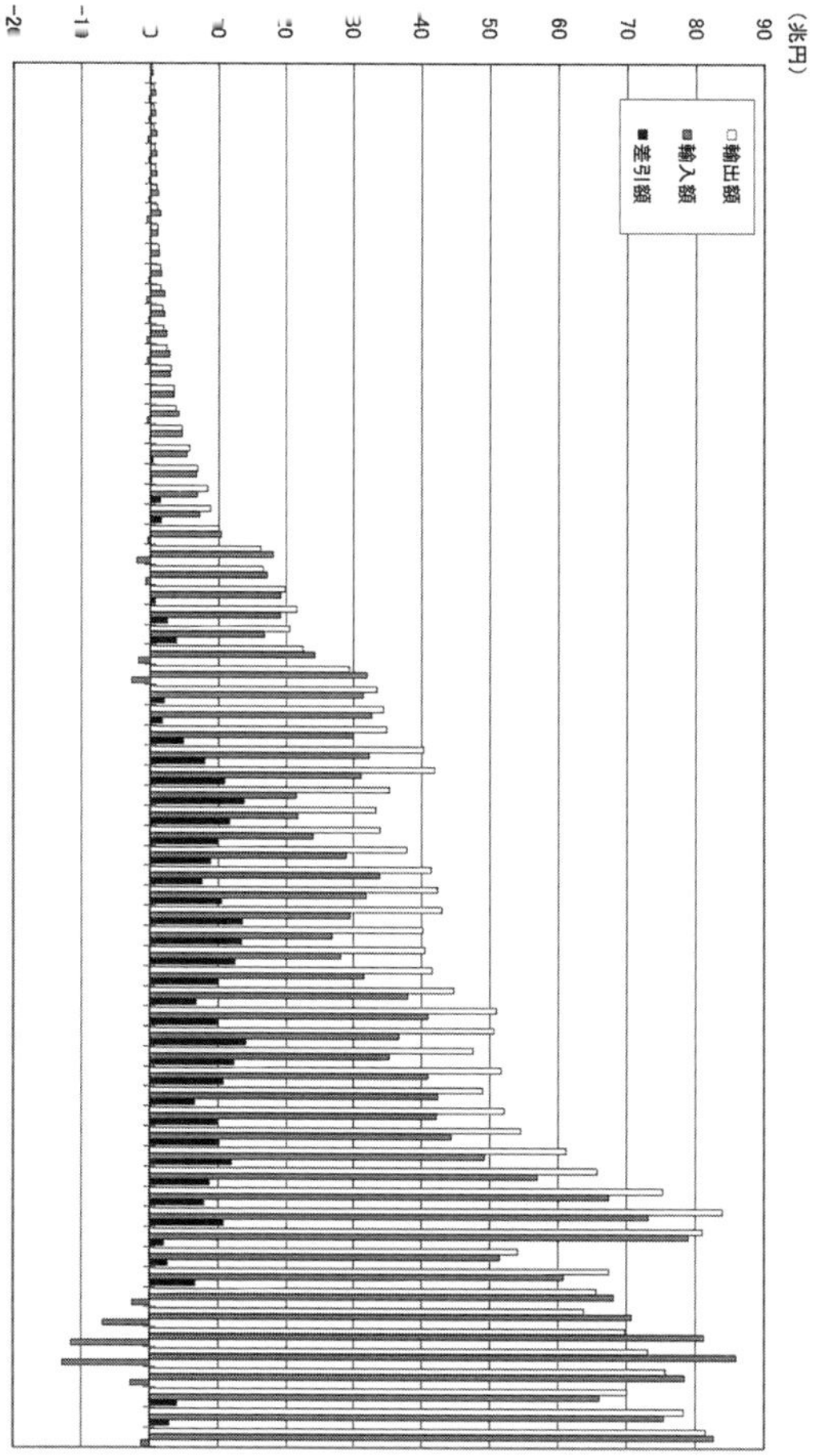

[図表11] 対世界輸出入額及び差引額の推移

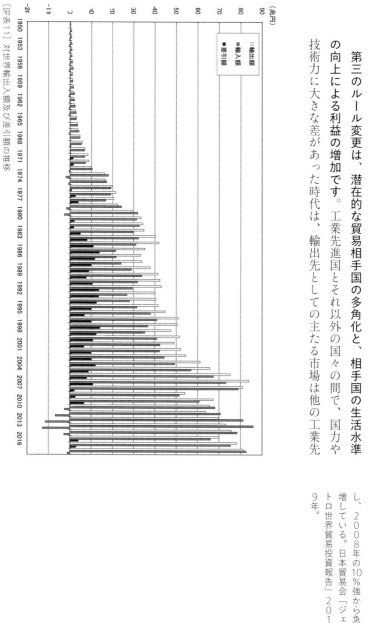

進国で、それ以外の国々は安価な資源や労働力の供給元という関係にありました。けれども、中国からの観光客の増加のように、近い将来は工業先進国以外の国々も、他の工業先進国と同様に、日本にとって重要な市場になります。一方、国内の工場などでは、アジアなどとの為替レートの差も反映した人件費競争にさらされ、安い賃金や十分でない労働環境に置かれています。これは、工業先進国以外の国々が日本と同等に発展するまで続きますので、少なくとも国内企業は数十年、そうした競争にさらされることになります。その競争からいち早く脱却し、それらの国々に日本の市場になってもらうには、それらの国々の人々の生活水準が、一日も早く工業先進国と同等まで向上する必要があります。すなわち、世界中のすべての国で、賃金が十分に払われ、清潔で安全な労働環境が確保され、児童労働が根絶され、社会保障が充実されることが、日本の経済的な利益になるのです。

第四のルール変更は、環境と資源の制約です。２０１１年に福島原発事故が起きる前、日本のエネルギー利用の原則は「需要に合わせて供給する」ことでした。社会が好きなだけエネルギーを使い、安定供給することがエネルギー行政と業界の役割でした。しかし、その後は「供給に合わせて需要を満たす」原則に変わりました。国内で供給されるエネルギー量に合わせて、社会がエネルギーを使うことになったのです。それと同じ原則の転換が、気候変動や廃棄物、資源をめぐって、国際社会での合意になっています。それを骨抜きにしていい、軽い合意と捉えるか、安全保障と同等に尊重すべき、重い合意と捉えるかで、各国の認識は異なります。重い合意と捉えれば、国際経済のもっとも重要なルールとなります[50]。

日本の経済政策は、国際環境の変化が、前提条件の変化として十分に考慮されているように見えません。依然としてアメリカを特別視するような貿易交渉をする一方、主要な貿易相手国である中国や韓国を軽視するような行為が見られます。円安を重視する傾向は変わらず、他国の生活水準の向上や気候変動を重視していないような動きがあります[51]。

⑨……基盤技術の変化

基盤技術の変化に関しては、産業革命以来の大変革期にあると認識する必要があります。１７００年代半ばから始まった産業革命は、それまでの自然や家畜、人力から、石炭などの化石燃料にエネルギー源が移行した出来事です。それは、単なるエネルギー源の変化にとどまらず、人間社会のあり方、

50 環境と資源の制約で、もっとも重要な国際合意の一つは、２０15年12月の「パリ協定」である。産業革命の時を基準として平均気温の上昇を2度未満にするため、世界全体での温室効果ガスの排出を今世紀後半までに実質的にゼロとする合意。環境省ホームページ（２０１９年９月2日閲覧）より。

51 アメリカを特別視する動きの代表例としては、２０１９年５月のトランプ大統領の来日に対する日本の「おもてなし」がある。「最高の一日 首相流おもてなし」『産経新聞』２０１９年５月28日。中国や韓国を軽視するような動きの代表例としては、韓国に対する貿易優遇国からの除外がある。「日本政府、韓国をホワイト国から除外」『BBCニュース』２０１９年８月２日。気候変動などを重視していないような動きの代表例については、国際環境団体からの交渉姿勢に対する

すなわち文明を大きく変えました。蒸気機関で大量生産・高速物流が可能となる一方、それらの機械やエネルギー源を取得・運用するためには、巨額の資金が必要となり、資本主義が確立しました。その下で、多くの労働者が必要となり、人々は農村を出て、労働者として都市で暮らすようになりました。多くの富が急速に都市へ蓄積する一方、資源と市場を確保するために、国家は強力な軍事力と中央集権体制を整えました。企業は、国内外の資源を製品化し、国内外の市場に売るための一貫した垂直統合体制を整え、多国籍化していきました。このように、産業革命に発するのが、アメリカと多国籍企業を中心とする現代の国際経済体制で、日本の経済政策もそれを前提にしています。

２０１０年代に入り、産業革命以来の化石エネルギーは、急速に再生可能エネルギーへと取って代わられようとしています。図表12のとおり、２０１7年の世界全体のエネルギー需要のうち、太陽光や風力などの再生可能エネルギー（古くからの薪利用を除く）が用いられた割合は、10・6％に達しました。電気に限って見れば、２０１8年の終わりには、水力発電を含む再生可能エネルギーが26・2％を占めるようになりました。気候変動による環境制約が、この動きを後押ししています。[52]

低評価がある。「日本は温暖化対策に消極的」『日本経済新聞』２０１7年11月10日。

52 世界の再生可能エネルギーの状況については、REN21「RENEWABLES 2019 GLOBAL STATUS REPORT」を参照のこと。

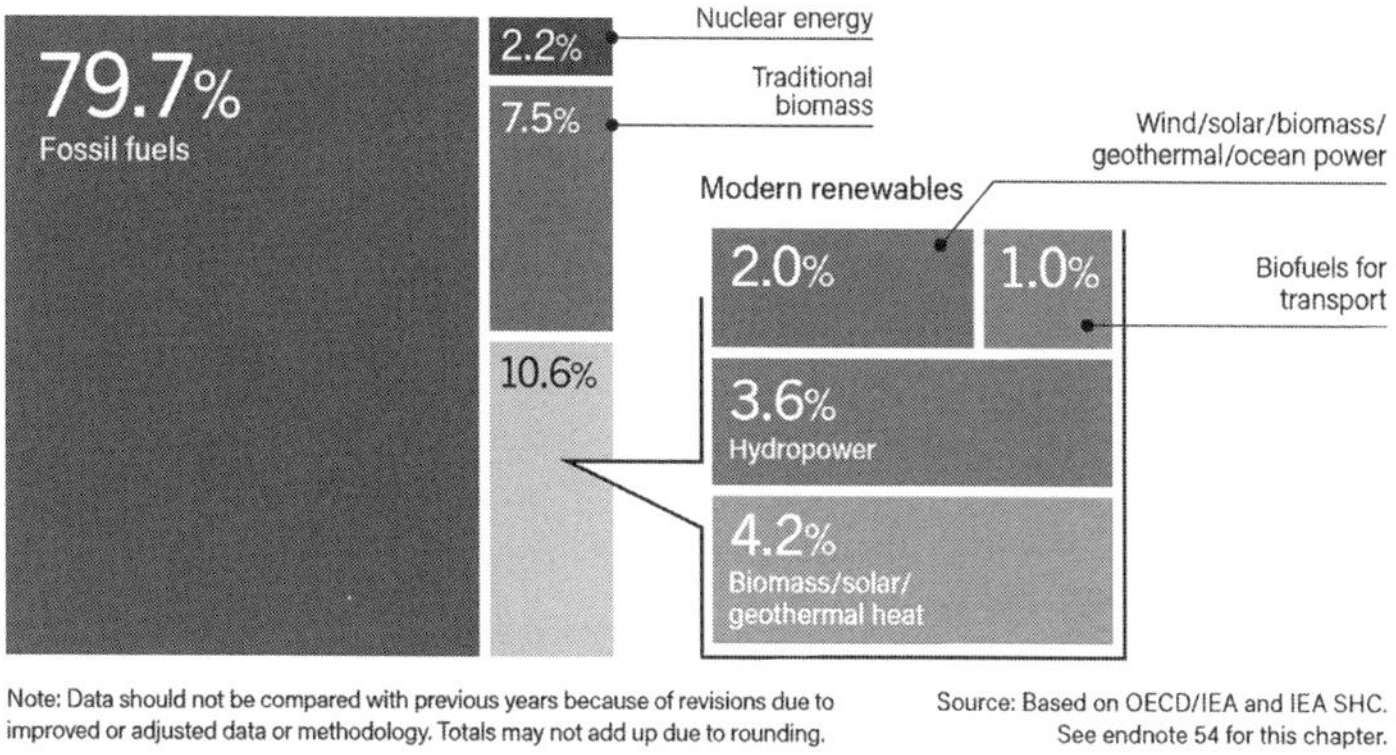

Note: Data should not be compared with previous years because of revisions due to improved or adjusted data or methodology. Totals may not add up due to rounding.
Source: Based on OECD/IEA and IEA SHC. See endnote 54 for this chapter.

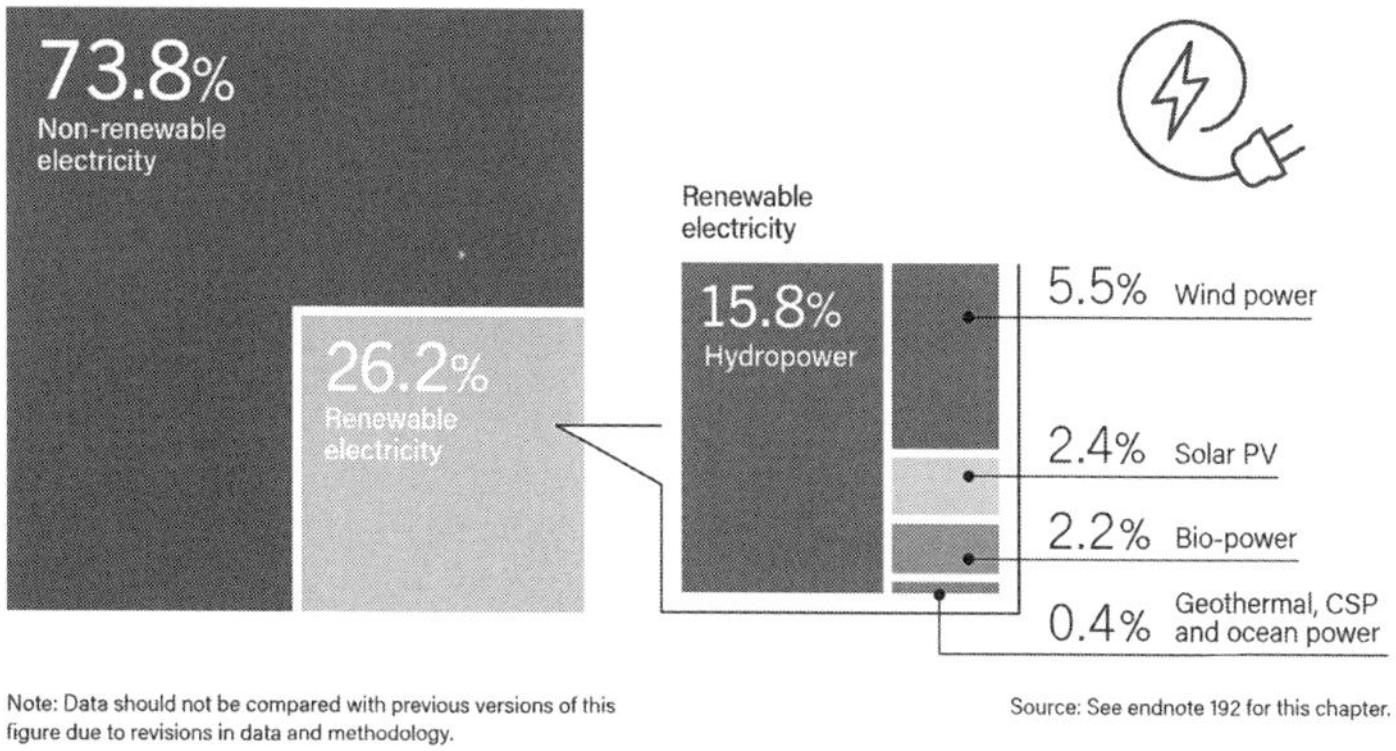

Note: Data should not be compared with previous versions of this figure due to revisions in data and methodology.
Source: See endnote 192 for this chapter.

［図表12］世界の最終エネルギー消費における再生可能エネルギーのシェア、2017年（上）
世界の電力生産における再生可能エネルギーのシェア、2018年末（下）

大きな違いは、化石資源と自然資源だけでなく、垂直統合型と水平分散型の技術体系の違いにあります。化石エネルギーは、資源が世界の一部の地域に偏って存在し、地中からそれを取り出して、消費地まで運び、消費形態に合わせて加工します。それを安価かつ安定的に供給するためには、全過程について、単独あるいは少数の巨大資本でコントロールするのが合理的です。他方、再生可能エネルギーは、電気や熱などに変換する設備さえ入手すれば、資源が世界中に遍く存在するため、個人あるいは少人数の小資本（前者に対して相対的に）で、エネルギーを使えます。前者が、技術も組織も垂直統合を指向する一方、後者は、水平分散を指向します[53]。

さらに、再生可能エネルギーをネットワークで結ぶことにより、化石エネルギーと同様の巨大なエネルギーを生み出すことができます。情報技術で、地域熱供給システムや電気自動車などを結ぶことで、全体最適をもたらす新たなビジネスも、欧州では既に生み出されています[54]。

同様に、水平分散型の技術体系をもつのが、情報技術とインターネットです。かつての情報は、放送局や新聞社などのマスメディアから一方的に提供されていましたが、現在はスマートフォンなどの機器さえあれば、誰もが情報の受信と発信を双方向にできます。また、様々な機器に情報技術が組み込

53 本書でいう「化石資源」「化石エネルギー」には、ウラン鉱石を資源とする原子力発電を含む。厳密には異なるものの、同じく垂直統合型の技術体系のエネルギーであるため、便宜的に含めている。

54 村上敦・滝川薫・西村健佑・梶村良太郎・池田憲昭『進化するエネルギービジネス』新農林社、2018年。

まれ、インターネットでつながって、自律的に動くことも可能になっています。その先に、人工知能もあります。

近い将来は、移動手段も水平分散型の技術体系に変化します。自動車は、高度な技術を必要とする内燃機関から、モーターと蓄電池を組み合わせた簡易な構造の電気自動車になります。そこに人工知能による自動運転の技術が加わり、必要なときだけ自動車を呼び寄せて移動し、乗り捨てることも可能になり、人々は自動車を所有せず、共有するようになります。モノも3Dプリンタで少量・現場生産となり、大量生産・輸送されるモノは少なくなります[55]。

このように、経済と社会の基盤技術が、急速に垂直統合型から水平分散型へと変化しつつあります。まさに、産業革命以来の大変革期なのです。

⑩……逆説の経済成長

性的少数者の多く住むアメリカの都市は経済成長する、という研究があります。これは、性的少数者が安心して住める都市は、独自の考えや文化をもった知識層にとっても住みやすく、知識層を求めて情報技術などの企業が立

55 ジェレミー・リフキン『限界費用ゼロ社会――〈モノのインターネット〉と共有型経済の台頭』NHK出版、2015年。

地したり、彼ら・彼女ら自身が付加価値の高い産業・技術を生み出したりすることで、結果的に経済成長するという論です[56]。

これまで、経済成長に必要なのは、高度な科学技術と豊富な資源、少数のエリートと多数の安い労働力、均質性の高い社会と考えられてきました。戦後日本は、アメリカの庇護で安価な資源を海外から入手しつつ、これらの要素を強めることで、経済成長に成功しました。ですから、政官財の総力戦で、成功モデルの再現を狙うのは、無理からぬことです。

しかし、40年以上も景気対策を打ち続け、少子化で人口すら犠牲にしても、自律的な経済成長を実現できていません。景気は回復しても、ゼロに近い低成長となってしまいます。政官財は、労働規制のさらなる緩和で、人件費と雇用者数を抑えつつ、労働のアウトプットを増やそうとしています。このままでは、さらなる少子化が避けられないでしょう[57]。

高度成長からずっと続く「この道」を今後も歩み続けて、日本経済の展望は拓けるのでしょうか。高度成長を原型とする成功モデルと経済観が、逆に足かせとなっていないでしょうか。高度成長の担い手だった大平正芳と下村治の「転向」に、倣うべきではないでしょうか。

人口・国際・技術という経済の前提条件は、これまでと真逆に変わりつつ

56 リチャード・フロリダ『新クリエイティブ資本論——才能が経済と都市の主役となる』ダイヤモンド社、２０１４年。フロリダは「技術（Technology）」「才能（Talent）」「寛容性（Tolerance）」の「３つのT」が、知識経済での成長で重要と指摘している。

57 政府は、経団連などからの要望を受け、２０１８年の通常国会に「働き方改革一括法案」を提出し、労働基準法に定める労働時間規制の対象外となる「高度プロフェッショナル制度」を導入した。当初は、残業代の発生しない裁量労働制の職種の対象拡大も含んでいたが、法案の前提となったデータに多くの問題が見つかり、法案から外された。高度プロフェッショナル制度など経済の関係については、田中信一郎「高度プロフェッショナル制度が日本経済を低迷させるこれだけの理由」『ハーバービジネスオンライン』２０１８

あります。前提条件が真逆なのに、従来と同じ政策を全力で打てば、目標と真逆に全力で進むことにならないでしょうか。前提が変われば、政策も根本から変えるべきではないでしょうか。

アメリカの研究が示唆しているのは、経済成長を目指さないことで、結果的に経済成長するという逆説です。マッチョに成長を目指した都市が振るわず、レインボーにハッピーな暮らしをした都市が成長したのです[58]。

経済の主要な前提条件の変化からは、社会の課題を人々の創造力と協力で解決し、それによって発展する新しい経済のあり方が見えてきます。人々の物欲を満たすのでなく、問題を解決することで対価を得る経済です。自動車を買ってもらうのでなく、快適な移動手段を使ってもらうのです。保育園に支払うお金は、子どもへの投資であると同時に、社会の課題を解決し、資金を循環させると見なすのです。実際、子育て支援に公費を投入して、経済成長するとの試算もあります[59]。

そうであれば、人々の創造力と協力を最大限に引き出せる社会をつくることが、有効な経済政策となります。労働時間を長くするのでなく、逆に短くして、家庭や友人、地域と豊かな関係を結ぶ働き手こそが、持続的に利益を得る事業を成功させ、企業に利益をもたらすかもしれません。それは、婚姻

年6月11日を参照のこと。

58 前掲『新クリエイティブ資本論』は、全米の都市を指数化してランキングし、この逆説を明らかにしている。

59 柴田悠『子育て支援と経済成長』朝日新聞出版、2017年。

と出産のボトルネックを解消することと、同じです。

社会全体で創造力を高め、課題の解決力を高めることも、経済政策となります。解決すべき課題が、社会のあちらこちらと無数に存在しますので、解決を担う主体が少数のエリートでなく、現場にいる無数の人々になるからです。

もちろん、これまでの経済の爪痕が大きく残っているため、それを後片づけするためにも、従来の経済政策が不要になるわけではありません。潜在的な消費力を引き出すことも重要です。ただ、従来の経済構造に固執するのでなく、新たな産業を切り拓く政策が必要です。

それでは、なぜ誤った経済政策が続き、現実を直視した新しい政策を展開できなかったのでしょうか。次章では、政策決定のメカニズムを考察します。

◉第二章参考文献（既出除く。以下同）
明石順平『アベノミクスによろしく』集英社インターナショナル、2017年
明石順平『データが語る日本財政の未来』集英社インターナショナル、2019年
雨宮昭一『占領と改革』岩波書店、2008年

石川真澄『戦後政治史新版』岩波書店、２００４年
岩村充『金融政策に未来はあるか』岩波書店、２０１８年
植田和弘『緑のエネルギー原論』岩波書店、２０１３年
大淵寛・森岡仁編著『人口減少時代の日本経済』原書房、２００６年
小野善康『成熟社会の経済学』岩波書店、２０１２年
金子勝『長期停滞』筑摩書房、２００２年
金子勝『経済大転換』筑摩書房、２００３年
金子勝『平成経済　衰退の本質』岩波書店、２０１９年
北岡伸一『自民党』中央公論新社、２００８年
熊倉正修『日本のマクロ経済政策』岩波書店、２０１９年
柴田悠『子育て支援と経済成長』朝日新聞出版、２０１７年
高橋洋『エネルギー政策論』岩波書店、２０１７年
武田晴人『脱・成長神話』朝日新聞出版、２０１４年
武田晴人『高度成長』岩波書店、２００８年
中村隆英『昭和経済史』岩波書店、２００７年
野口悠紀雄『戦後日本経済史』新潮社、２００８年
野口悠紀雄『異次元緩和の終焉』日本経済新聞出版社、２０１７年
野口悠紀雄『平成はなぜ失敗したのか』幻冬舎、２０１９年
服部茂幸『新自由主義の帰結』岩波書店、２０１３年
服部茂幸『アベノミクスの終焉』岩波書店、２０１４年

服部茂幸『偽りの経済政策』岩波書店、２０１７年
広井良典『ポスト資本主義』岩波書店、２０１５年
水野和夫『資本主義の終焉と歴史の危機』集英社、２０１４年
村上敦・滝川薫・西村健佑・梶村良太郎・池田憲昭『進化するエネルギービジネス』新農林社、２０１８年
諸富徹・浅岡美恵『低炭素経済への道』岩波書店、２０１０年
山本義隆『近代日本一五〇年』岩波書店、２０１８年
吉川洋『人口と日本経済』中央公論新社、２０１６年
吉田裕『アジア・太平洋戦争』岩波書店、２００７年
吉原祥子『人口減少時代の土地問題』中央公論新社、２０１７年
吉見俊哉『ポスト戦後社会』岩波書店、２００９年
吉見俊哉『平成時代』岩波書店、２０１９年
エンリコ・モレッティ『年収は「住むところ」で決まる』プレジデント社、２０１４年
ケイト・ラワース『ドーナツ経済学が世界を救う』河出書房新社、２０１８年
ジェレミー・リフキン『限界費用ゼロ社会』ＮＨＫ出版、２０１５年
リチャード・フロリダ『新クリエイティブ資本論』ダイヤモンド社、２０１４年

論争コラム……2

消費税をどうするか？

消費税（事業者の付加価値への課税）は、1979年に大平正芳首相が閣議決定して以来、40年以上にわたって国政の大きな争点になってきました。低成長化を見越した大平首相が、法人税などの伸び悩みと、社会保障費の拡大を補填しようとしたものです。

消費税の特徴は、直接税に比べ所得再分配の効果が低い一方、景気変動に伴って税収が大きく変動しないことです。コインの裏表の関係で、高額納税者が減っても税収が減りにくいために、社会保障のように、景気変動と無関係に必要となる公費の財源に有効です。景気が悪いからといって、年金や医療を減らされても、困りますよね。

しかし、実際のところ、消費税の導入・増税は、減税と財政出動の穴埋めとして行われてきました。典型的なのは、1994年に村山富市政権によって決定された3%から5%への消費増税です。7%の当初予定が、所得税・法人税の減税の穴埋め分に限定されたことで、5%に圧縮されました。ただ、景気対策として減税を3年間先行させたものの、1997年の増税時がアジア通貨危機や国内金融危機とぶつかり、消費を冷え込ませる結果になりました。

そのため、外税方式の普及で負担感が強調され、直接税よりも所得再分配の効果が低いこともあり、人々から不人気の税となっています。よって、非自民の野党勢力は、長年にわたり消費税の減税や廃止を訴えてきました。

一方、民主党政権は、消費税の増税を訴えずに政権を取ったものの、財源問題に悩まされ続け、増税に転じました。あれもこれもと実現しようとし、増税に転換した結果、政権を失いました。社会保障を重視する非自民政権にとって、財源問題は鬼門なのです。

そこに登場して、一部の野党議員と支持者の心を鷲づかみにしているのが、現代貨幣論（MMT）です。提唱者の理論はさておき、国内で流布されているのは「一定のインフレ率に達するまで国債を大量発行すべし」との考え方です。

これに基づけば、消費税を減税・廃止しても、財源に悩む必要はなく、その分の国債を日銀に引き受けさせればいいことになります。まるで、打ち出の小槌のようです。

残念ながら、現実には国民生活を奈落の底に落とす危険を有します。最大リスクは、円の国際価値の下落で、輸入物価を上昇させかねません。国債の脆弱性を高め、国際的な投機資金に狙われた場合、財政や金融に大きな打撃となります。社会保障財源への信頼を損ない、人々の消費行動を抑える恐れもあります。インフレ率が達成されたら、国民生活の必要性と関係なく、今度は財政支出の切り詰めを強行する論理にもなります。

とはいえ、2019年10月の消費増税には、次の5つの問題があり、いったん8％に戻すことを検討すべきでしょう。①軽減税率の導入によって、政治力の強さで税率が左右されやすくなりました。②実質賃金が低下するなかで、物価上昇の圧力をもたらしました。③給付付き定額控除など、低所得者向けの効果的な負担軽減策がありません。④総合課税の導入や金融所得課税の強化を優先すべきでした。⑤待機児童解消よりも幼児教育無償化を優先するなど、税収の使途に問題が多々あります。

第三章

なぜ誤った経済政策を続けてきたのか？

①……経済成長と人口増加を前提とする部分最適の行政

日本の社会システムは、経済成長と人口増加を前提とし、いよいよ経済成長のために人口すら犠牲にしつつあります。２０００年以後の二度にわたる「戦後最長の好景気」にもかかわらず、かつてのような経済成長を再現できず、無理を人々にしわ寄せした結果、少子化が進行しています。

経済の前提条件が大きく変わったにもかかわらず、それらに適応した経済政策を実施しないのは、政策を企画・執行する行政の責任です。かつては、経済のゼロ成長や人口減少の具体的なデータが示されても、政府・自治体の路線に影響を与えることはありませんでした。それは外部から指摘されるにすぎなかったからですが、禁じ手に近い経済政策をアベノミクスとして6年以上実施し、それでも目標の3％成長にまったく届いていません。人口についても、地方創生法によって、政府と全自治体が「人口ビジョン」を作成し、人口減少を具体的な推計値とともに、明確に認識しています。もう、結果と結論は出ているのです。[1]

行政が政策転換できないのは、部分最適を組織の論理としているためです。

1　安倍政権・黒田日銀の「異次元の金融緩和」は、実施当初から禁じ手として厳しく批判されていた。例えば、藻谷浩介・河野龍太郎・小野善康・萱野稔人『金融緩和の罠』集英社、２０１３年や小幡績『リフレはヤバい』ディスカヴァー・トゥエンティワン、２０１３年など。

数多ある行政組織が、それぞれ部分最適を追求し、それを足し合わせると、全体最適になるという論理です。原則として、政府の各省は、社会の課題を「漏れなくダブりなく」網羅していることになっています。各省の中では同様に、各課が所管範囲を「漏れなくダブりなく」網羅しています。この部分最適は、批判を込めて「縦割り行政」と呼ばれます。[2]

部分最適組織の集合体にとって、経済成長と人口増加は、組織の共存共栄のために不可欠の前提となります。経済成長と人口増加に伴う、毎年の税収増が、各組織による奪い合いの場になると同時に、少なくとも前年までの予算分は守られることを可能にするからです。これにより、組織間で相互に干渉しないという原則も成り立ちます。互いの聖域に干渉しないからこそ成り立つ「縦割り行政」なのです。予算を査定する財政組織も、増収分が自らの差配できる「力の源泉」となるため、税収増を必要とします。[3]

部分最適組織は、所管内の課題について機動的かつ一元的に対応できる一方、経済の低成長と人口減少のように、組織と政策の論理が前提から覆る状況では、的確に対応できません。相互不可侵による共存共栄の論理に抵触するためです。所管横断の課題ならば、しばしば発生するため、各組織と別に調整担当を置いたり、新たな組織を設置したりして、対応できます。けれど

2 大森彌は、政府が各省の集合体「合省国」で、政府の各課が「所管事項についていえば」「日本国政府そのものである」と指摘し、そうした課のあり方を「日本国所管課」と呼んでいる。同『官のシステム』東京大学出版会、2006年、139頁。

3 経済成長が当たり前だった時代、政府の経済見通しは「予算案づくりの前提になる。経済企画庁と大蔵省、通産省とで協議して決める。財政均衡主義にこり固まっている大蔵省は税収不足を恐れて成長率を高めに見積もり、通産省は予算獲得を有利にするために低めにみる、という習性がある。なかをとりもつのが企画庁だが、権限の強い大蔵省に押し切られがち」であった。『日本経済新聞』1994年12月22日朝刊。

も、前提の覆りに対応できるようになっていないのです。

しかも、課で所管する制度であっても、それを異なる前提で構築し直し、まったく別の制度にするのは、容易でありません。既存の制度で受益している人や企業がいますし、別の観点からすれば制度存続の意義があったりするからです。例えば、年金や健康保険などの社会保障制度は、加入者が増えるほどリスクを分散でき、制度も安定しますが、実際にはそうなっていません。職域ごとに設立した経緯から、所属企業や雇用形態（正規・非正規）などによって、受けられる便益と支払う費用が異なります。[4]

要するに、政府の各省・各課は、これまでと異なり、現実に適応した経済政策を主導できない状況に陥っています。経済成長と人口増加という、二大前提が失われた状況で、個々の行政官の職業的良心で「あがく」ことはできても、自ずと限界があります。その限界は、あがいた行政官の限界でなく、部分最適組織の集合体という、日本の行政組織の限界なのです。[5]

このことは、これまでのように、経済政策を各省・各課に丸投げしてはならない状況にあることも意味します。経済政策の決定過程から、見直す必要があるのです。

4　「理想論から言えば、〈全国一本〉の社会保険を新たに作り、全国民をカバーすることがベストであるが、現実的な選択として可能であったのは、この二本立てという〈二元的構造〉であった」。前掲『人口減少と社会保障』77頁。

5　前掲「まち・ひと・しごと創生長期ビジョン」を「あがき」と見ることもできるだろう。

②……部分最適を前提にした内閣システム

憲法は、行政の権限を行使する主体を、行政機関の上に立つ内閣と定めています。内閣は、内閣総理大臣（首相）と国務大臣で構成される行政の最高決定機関です。首相は、国会議員から国会の議決で指名され、国務大臣の過半数は国会議員でなければなりません[6]。

憲法は、各府省が部分最適組織であるとの前提で、弊害を防止し、人々の声を行政に注入する役割を内閣に与えています。首相と大臣は、行政機関に方針を示し、的確に管理し、困難な問題の最終決定を行うため、極めて高い識見と能力を求められます。そのため、有権者の中から識見と能力の高さで選挙された国会議員の中から、衆目一致して適任と見なされた議員が首相として任命され、その首相がチームメンバーとしての大臣を選ぶことになっています。最高の識見と能力を有する人物で構成される内閣が、各府省の部分最適を打破するわけです。

しかし、実際には、内閣が部分最適の弊害を防止し、行政機関を指導しているように見えません。閣僚経験者の中にも、首相の「情報の供給ルートは行政からのものにほぼ限定され、意思決定も大半はボトムアップで積み上げ

6 内閣の権限については、日本国憲法第65条以下で定められている。

られる。首相はほとんどの場合、テープカットするだけの役割」で、内閣官房への「各省庁からの出向者は首相の動向を凝視し、それをつぶさに本籍である官庁に報告して即座に対応させる」との観察があります[7]。

閣議や各種会議など、首相・大臣による意思決定の場は、いくつも設けられていますが、実質的な合意形成が行われることは稀です。たいていは、行政官が大臣の間を説明に回って予め内諾を得てから、会議を開催します。大臣たちが集まって実質的な合意を形成することは、ほとんどありません。あるとしても、首相執務室で、首相と特定の大臣で話し合って終わりで、他の大臣は会議での「お客さん」に過ぎません[8]。

このことは、首相・大臣の意思が行政に反映されないことを、直ちに意味するわけではありません。内閣と行政の方向性や利害関係が一致していれば、行政は積極的に内閣の意思を実現しようとします。さらに、2014年に設置された内閣人事局を通じて、府省幹部への首相の人事権が強化された結果、政権の長期化によって、内閣の意に沿う、あるいは積極的に忖度する行政官が幹部に登用されやすくなりました[9]。

問題は、首相・大臣の意思と、部分最適の集合体としての行政の意思が異なる場合です。そうした際に、内閣の意思決定が滞るのは、2011年の福

7 田中秀征『民権と官権』ダイヤモンド社、1997年、136頁。原文は、田中の経済企画庁長官の在職中に書かれた。
8 筆者の内閣官房及び内閣府での勤務経験に基づく。
9 社説『毎日新聞』2019年7月20日朝刊。

島原発事故への対処で、首相官邸と経済産業省・東京電力との間で起きた軋轢からも明らかです。[10]

憲法の規定にかかわらず、内閣の意思が必ずしも行政に優越しないのは、部分最適組織の意思に権威を付与する役割として、内閣が運営されてきたからです。異論なき決定が、権威を生むと考えられてきました。それは、仕組みと歴史の二面から成り立っています。

仕組みの面では、異論なきことが前提のため、内閣の実質的な合意形成のプロセスが、制度化されていません。行政による首相や大臣への説明（レク）は、実質的な意思決定の場となっているにもかかわらず、原則として記録が残されていません。また、大臣同士の調整の場は、最終決定の場となっている形式的な会議を除けば、制度上は存在しません。[11]

歴史の面では、初めに省が個別につくられ、次に閣議がつくられ、それから憲法、最後に議会ができました。内閣の下にあるはずの省は、明治維新の有力者がそれぞれ長となって設立したため、政治的な意思（省益の追求）を持つ組織となりました。その後、職員の採用と人事は各省で行い、多くの公務員は公職追放にならなかったため、戦後も各省の組織文化は継続しました。戦前の閣議は、各省の代表者会議としての位置づけで、戦後もその面が残り

10 当時の軋轢は、様々な観点で示されている。代表的なものとしては、下村健一『首相官邸で働いて初めてわかったこと』朝日新聞出版、２０１３年と、小森敦司『日本はなぜ脱原発できないのか』平凡社、２０１６年がある。

11 ２００９年に発足した民主党政権は、政治主導を掲げて、大臣や副大臣などが集まって企画調整を担う「閣僚委員会」を設けたが、その議事録等は残されていない。

ました。[12]

③……部分最適の擁護者たる自民党と支持団体

議院内閣制は、首相の指名と不信任に際して、議会多数派すなわち与党の役割を重視しています。首相指名では、多数派の代表が指名され、多数派が内閣を支える与党を形成します。国会は、首相を不信任して辞めさせることができますが、それには、一部であっても与党議員の不信任支持が必要になります。実際、戦後の内閣のいくつかは、与党議員たちからの信を失い、自ら退陣を余儀なくされました。[13]

内閣が行政の部分最適の弊害を改善できず、助長するならば、議会の不信任の権限を背景に、是正を迫る責任が与党にあります。大臣や副大臣、大臣政務官などとして内閣に入らない与党議員であっても、内閣の運営に大きな責任を有します。

戦後のほとんどの首相は自民党から選ばれていますので、与党の役割を考察するときに、自民党を見ることが基本になります。日本国憲法下での初の総選挙を経た1947年の片山内閣から、2017年の安倍内閣までの70年

12 閣議は、明治以来の慣例で、各省の合意形成がすべて整った後に開催されることになっており、大臣間の議論はなく、ひたすら書類に花押（サイン）を書く。大臣間の議論は、閣議終了後に「閣僚懇談会」として行われる。菅直人『大臣増補版』岩波書店、2009年、45－51頁。

13 与党の自民党による首相辞任を求めた例としては、三木武夫首相の辞任を求めた挙党体制確立協議会による「三木降ろし」や、海部俊樹首相の不支持を通告した「竹下派支配」などがある。前掲『戦後政治史新版』131頁、172頁。

間、自民党（あるいはその前身政党）から選ばれた首相の期間は、63年強ありました[14]。

自民党は、政務調査会（政調）で下から積み上げる政策決定手法を特徴としています。政調には、各府省に対応した部会や横断的なテーマに対応した調査会・特別委員会（部会等）が細かく分かれて置かれています。部会等は、法案や予算案について出席議員に意見を述べさせた後、承認します。法案などは、部会等で承認された次に、政調審議会にかけられます。政調審議会で承認された後、総務会にかけられ、党の正式決定となります[15]。

政調では、自民党の支持団体からヒアリングを重ね、承認に際して最重視します。支持団体のほとんどは業界団体や利益団体で、自民党議員は選挙での集票を期待して、それら個別の利益を重視するのです。支持団体は多岐にわたり、商工業や農業など広い分野の団体もあれば、建設業や酒販業、医師など特定業界の団体、郵便局長や理学療法士など狭い分野の団体まであります。支持団体のなかには、宗教団体やスポーツ団体など、業界でない団体もあります[16]。

有力支持団体は、政調で意見を尊重されるだけでなく、団体の代理人を自民党議員として送り込んでいます。その代理人議員は、しばしば関係府省の

14 首相官邸ホームページ（2019年9月5日閲覧）に基づく。

15 自民党の政策決定過程は、村川一郎『政策決定過程』信山社、2000年を参照のこと。自民党の部会等は、2019年7月29日現在、87ある。自民党ホームページ（2019年9月5日閲覧）より。

16 自民党の支持団体の例として、全国郵便局長会、日本建設業連合会、全国農政連、日本医師連盟、日本看護連盟、全国商工政治連盟、全国土地改良政治連盟、日本薬剤師連盟、日本理学療法士連盟、日本衛生検査所協会、全国介護政治連盟、全国小売酒販政治連盟、全日本空手道連盟、日本歯科医師連盟などがある。「自民、団体票を掘り起こし」『産経新聞』2019年2月28日。

元高官が務め、自民党と行政、団体の間を三位一体的につなぎます。また、ほとんどすべての自民党国会議員は、支持団体の地元支部から推薦を受けて、選挙区で当選しています。積極的に団体の利益を推進するかどうかは別にしても、少なくとも団体の利益に反する行動は取りにくい状態です[17]。

政調は、たいていの場合、事前審査権を背景にして、府省に要求を受け入れさせます。事前審査権とは、法令に基づく権限でなく、国会に提出する内閣の議案について、閣議決定の前に自民党の承認を必要とする、自民党政権の慣例です。これがあるため、各府省は、予算案や法案について自民党の承認手続を求めることになります。審査を担う政調の部会等には、説明役として関係府省の幹部が出席し、法案などを説明するとともに、議員や支持団体からの意見を聞いて、法案などに反映させます[18]。

このように、自民党は、業界・利益団体の部分最適の要望を細やかに吸い上げ、予算や法案に反映させる役割を担っています。そのため、行政の部分最適を改善する方向で、自民党が影響力を行使することはほとんどなく、逆に部分最適を強化しています。

つまり、自民党は、業界・利益団体の部分最適の集合体という面を持ち、部分最適の擁護者となっています。かつて、自民党のそうした面を批判し、

17 例えば、自民党の佐藤信秋参議院議員は、日本建設業連合会から職域代表候補者として推薦を受けて当選した元国土交通事務次官である。「佐藤氏を推薦」『建通新聞電子版』２０１８年５月１日。

18 審査プロセスについては、前掲『政策決定過程』１７１－１７５頁を参照のこと。

部分最適の集合体でない保守政党をつくる動きがありましたが、自民党に代わる保守政党は未だに誕生していません[19]。

④……政府と与党を統制できない未成熟な国会システム

与党が行政の部分最適の弊害を是正できないとすれば、国会がその役割を担うことになります。ただ、首相の指名と不信任による方法では、与党の意思が決定的に重要となるため、それとは別の方法で役割を果たす必要があります。

国会は、主として野党の力を利用して、3つの方法で弊害を是正する手段を有しています。内閣を支持しない少数派、すなわち野党の存在は、国会が内閣を統制するシステムに予め組み込まれているのです。これは、議院内閣制の共通システムです。

第一の方法は、質問制度です。国会が首相を指名・不信任できることは、国会に内閣を常時監視する責任があると意味します。その手段が質問制度で、議院内閣制と一体不可分です。

19　1976年の新自由クラブ、1993年の新党さきがけなどが該当する。

質問制度は、議員がいつでもどのようなテーマでも、内閣と行政をチェックできる仕組みです。議員は、口頭もしくは文書で質問し、内閣は答弁義務を負います。議員の自由な発意での質問に対し、内閣が説明責任を果たすことを通じて、部分最適の弊害を防止し、人々の意思を内閣と行政に注入する仕組みです[20]。

ところが、国会の質問制度は、部分的にしか実施されていません。イギリスやフランス、ドイツなどの議院内閣制の国々では、質問制度のメインは口頭での質問です。政局と無関係に、定期的に首相や大臣が議会に出席し、議員の質問に答弁します。ですが、日本の国会はこの口頭質問を実施していないのです。文書質問たる質問主意書のみです。国会法や衆議院・参議院の規則では、口頭質問を実施できることになっていますが、慣例で実施していないのです。慣例を変更するためには、国会多数派すなわち与党の同意が必要で、目途は立っていません[21]。

第二の方法は、内閣提出議案の審議です。予算案や各種法案など、国会で審議する議案のほとんどは、内閣から提出されます。内閣提出議案が主となることは、日本だけでなく議院内閣制の国に共通します[22]。

内閣提出議案の審議は、政府の恣意的な予算・法律執行を抑制する仕組み

20　質問制度については、田中信一郎『国会質問制度の研究』日本出版ネットワーク、2012年を参照のこと。

21　イギリス議会とドイツ議会は、定例の口頭質問、不定例の（臨時に実施される）口頭質問、文書質問のいずれも実施している。フランス議会は、不定例の口頭質問のみ、実施していない。日本は、制度上、いずれも実施できるが、実質的には文書質問（質問主意書）しか実施していない。前掲『国会質問制度の研究』13頁。

22　「議院内閣制では議会多数派のリーダーが内閣を構成し、政策立案を主導するので、どこの国でも法案の多数は内閣提出法案によって占められる」。大山礼子『日本の国会』岩波書店、2011年、56頁。

です。政府に議案だけでは分からない詳細を明らかにさせ、政府以外の多数の関係者から意見を聞き、それらの結果を受けて、必要に応じて与野党共同で修正したり、附帯決議をつけたり、廃案にしたりします。無修正で成立しても、審議で答弁した執行の詳細から外れることはできません。

けれども、議案の審議は、与党の事前審査によって形骸化されています。自民党は、内閣が国会に議案を提出する段階で、党での議案に対する審査は終了し、修正せずに賛成することで、党議決定しています。与党の自民党にとって、国会は「消化試合」なのです[23]。

第三の方法は、国政調査です。議案の有無と無関係に、首相や大臣、行政官だけでなく、一般の人々からも、必要に応じて国会で説明を聴き、疑問点を尋ね、官民の関係者に資料を提出させ、必要な場所に出向いて調査できる権限が、憲法で国会に付与されています[24]。

これによって、部分最適の弊害を明らかにし、是正を求めることができます。とりわけ、任期の長い参議院は積極的で、国政調査に専念する「調査会」を設けています。経済政策については１９９５年以来、ずっと調査会が置かれ続けています[25]。

しかし、国政調査は、委員会・調査会単位で実施することになっているた

23 田中信一郎「国会での議論が出来レースになってしまう元凶とは？」『ハーバービジネスオンライン』２０１８年10月19日。

24 国会の国政調査権は、憲法第62条「両議院は、各々国政に関する調査を行い、これに関して、証人の出頭及び証言並びに記録の提出を要求することができる」に基づく。

25 参議院の調査会は「大局的な見地から国政の基本的事項に関して調査を行い、その成果として、議員立法、決議、政策提言を行う」ことを目的としている。参議院ホームページ（２０１９年９月６日閲覧）より。

め、与党の同意を要します。そのため、与党が消極的であれば、そもそも実施されずに終わります。

以上のとおり、国会には、政府を統制する強力な権限がありますが、運営を与党に全面的に委ねる未成熟さのため、政府の弊害を是正しがたいのです。野党だけで行使できる権限も少数ありますが、実効性のある権限はそのうちのごくわずかです。[26]

⑤……中間団体を前提とする選挙制度

部分最適の弊害を是正する、最後の担い手は国民です。憲法は、最後の担い手、すなわち主権者を国民と定め、「正当に選挙された国会における代表者を通じて行動する」と宣しています。[27]

一方で、憲法は、具体的な選挙制度を法律に委ねています。憲法の規定は、国会を「全国民を代表する選挙された議員でこれを組織」し、有権者の資格について「人種、信条、性別、社会的身分、門地、教育、財産又は収入によって差別してはならない」とあるだけです。[28]

その選挙制度は、中間団体を通じて、人々が政治的に行動することを前提

26 野党のみで行使できる権限の例としては、憲法第53条に基づく国会の召集要求権や、衆議院・参議院規則に基づく委員会開会要求権がある。いずれも要求があれば、召集や開会をしなければならないと定めているが、期限や罰則がないため、内閣・与党が憲法や国会を尊重しない姿勢の場合、開かれないこともある。「国会論戦を経ず解散」『東京新聞』2017年9月27日。野党のみで行使でき、効果を及ぼす権限の例としては、衆議院の予備的調査がある。これは「衆議院の委員会が行う審査又は調査のために、委員会がいわゆる下調査として衆議院調査局長又は衆議院法制局長に調査を命じて行わせるもの」で、委員会の議決もしくは40人以上の議員の要請で実施できる。衆議院ホームページ（2019年9月6日閲覧）より。

27 憲法前文より。

としています。中間団体とは、利益集団とも呼ばれる「特定の利益・権利・価値を守り、増進するために組織された集団」のことです。一般的にイメージしやすい経営者団体や労働組合、業界団体、農業団体だけでなく、宗教団体やスポーツ団体、市民団体なども含まれます。前述した自民党の支持団体群は、典型的な中間団体といえます。[29]

戦後、多くの人々は、何らかの中間団体に強い帰属意識を持っていました。限られた経済資源や劣悪な生活環境を改善するため、同じ問題を抱える人たちで結束しました。自らの生活などに直結するため、団体への帰属意識や一般からの共感は自ずと高まりました。[30]

中間団体は、政党を通じて政府に影響を及ぼすことを重視しました。皆が貧しかったため、相互扶助で資源を出し合っても限りがあり、国全体の資源配分を変える必要があったからです。

その過程で、中間団体が人々と政治をつなぐようになりました。政党と政治家は、自らの政策に賛同し、人々を組織化し、集票してくれる中間団体を頼りにしました。行政は、政策に対する意見を集約し、合意形成をある程度まで肩代わりしてくれる中間団体の代表者を、審議会などの委員とすることで、政策決定過程に組み込みました。政治も行政も、中間団体の幹部と意見

28 憲法第43条及び44条。

29 前掲『現代政治学小辞典新版』442頁。

30 1950年代は、様々な社会問題が労働組合の主導で提起され、広範な社会運動に広がっていた。例えば、日本教職員組合による「勤評闘争」や、王子製紙での労働争議などから岸政権が企図した「警職法改定」問題、炭鉱労組員の指名解雇から端を発した「三井三池闘争」など。前掲『戦後政治史新版』82－87頁。

調整すれば、おおむね国全体の合意形成に代えることができたため、重宝したわけです[31]。

その結果、中間団体を前提とする選挙制度が確立しました。有権者のほとんどが、何らかの中間団体に属し、そこを通じて選挙に参加する仕組みです。

その特徴の第一は、高額の供託金制度による候補者の絞り込みです。供託金とは、立候補に要するエントリー料のようなものです。低所得者であっても、中間団体を通じて資金集めできれば、さほど問題になりません。むしろ、似た政策を主張する候補を予め排除する効果を有するため、中間団体の支援で立候補する場合、長所とも捉えられます[32]。

第二は、限られた活動しかできない選挙運動のルールです。例えば、候補者は投票呼びかけのハガキを一定枚数まで公費で有権者に送れますが、これは中間団体の会員への呼びかけという運動手法に適しています。団体の支援を得ていなければ、数万枚のハガキを持て余すだけです。団体や企業での集会を訪ね、投票を依頼する幕間演説は合法ですが、住宅を一軒ずつ訪ねる戸別訪問は違法です。団体の支援がなければ、不特定多数に街頭で呼びかける非効率な運動が主となります[33]。

第三は、小選挙区を中心とする選挙制度です。小選挙区では、わずかな得

31 政党や団体の幹部間で重要なことを実質的に決める手法は、しばしば「ボス交」（ボス同士による交渉）といわれ、非民主的な行為として批判される。

32 2019年9月現在の供託金は、衆議院小選挙区と参議院選挙区で300万円、衆議院比例区と参議院比例区で一人600万円となっている。高額な供託金の課題については、田中信一郎「政治への諦めを生む、高所得者に有利な供託金制度」『ハーバービジネスオンライン』2018年9月23日を参照のこと。

33 選挙運動の課題については、田中信一郎「大組織ほど有利にできている日本の「選挙運動」ルール」『ハーバービジネスオンライン』2018年9月29日を参照のこと。

票差が議席の有無につながるため、まずは基礎票となる中間団体の支持を固めることが重視されます。中間団体は、確実に投票する人が多いため、投票率が低下するほど重視されるようになります[34]。

つまり、中間団体の支援を受ける候補者が、相対的に有利な選挙制度となっています。それも、共通利益や信仰の結びつきで、帰属意識が強くなりやすく、一定数のメンバーがいる経済団体や業界団体、宗教団体が有利です。同じ中間団体でも、帰属意識の弱い労働組合や、メンバーの少ない市民団体は相対的に不利となります。

⑥……構想と能力が不足する野党

これまで見てきたとおり、日本の統治構造は部分最適組織の集合体として貫徹しています。選挙制度から、国会、自民党、内閣、行政に至るまで、いわば「部分最適組織集合体モデル」という構造です。このモデルは、経済成長と人口増加の時代に確立されたため、前提が覆った現在、社会との不適応を起こしています。少子化の助長は、不適応の典型なのです。

そのため、野党には、部分最適組織の集合体に代わる統治構造の構想が求

34 小選挙区を中心とする選挙制度の課題については、田中信一郎「大政党ほど有利に働く、日本の選挙制度」『ハーバービジネスオンライン』2018年10月2日を参照のこと。

められます。これは、人々や野党自身が望むと望まざるとにかかわらず、野党に課せられた、時代の責務です。なぜならば、モデルの修正であれば、自民党内の政権交代ともいえる主流派閥の変更で済み、野党の出番はないからです。実際、佐藤栄作政権の後、自民党は主流派閥の交代で、モデルの修正と存続を現在まで図ってきました[35]。

しかし、これまでの非自民政権及び野党は、経済成熟と人口減少への姿勢が不明朗でした。1990年代前半の細川・羽田政権は「政治改革」として選挙制度改革を重視する一方、急ごしらえの政権だったため、姿勢を明確にしないまま倒れました。2000年代後半の民主党政権は、部分最適組織である行政の転換を目指しつつも、政権運営の拙さに加え、経済では、リーマンショックと東日本大震災への対応が必要だったこともあり、統一的な政策方針を示せませんでした[36]。

野党の主たる役割は、国会を通じた内閣のチェックと、次の政権を担う準備です。これらは相互に関連するとともに、それぞれに全力を傾けるべきものです。前者には積極的でも、後者に消極的だったのが、戦後の野党勢力でした[37]。

野党は、部分最適に代わる統治構造の構想に加え、それを通じて実現する

35　自民党の派閥は、経済を重視して相対的に穏健な政治姿勢の宏池会系（池田勇人を源流とする）と、安全保障を重視して相対的に強硬な政治姿勢の清和会系（岸信介・福田赳夫を源流とする）、実利を重視して硬軟の政治姿勢をあわせ持つ中間的な経世会系（佐藤栄作・田中角栄・竹下登を源流とする）の大きく3つに分けられる。

36　民主党政権では、財政再建の重視（野田佳彦ら）、財政出動の重視（小沢一郎ら）、金融緩和の重視（金子洋一ら）と、経済政策の基本方針について、所属議員の見解が割れていた。

37　戦後政治で長らく野党第一党だった日本社会党では、自衛隊をめぐる憲法論争で、政権獲得を視野に入れた勢力（自衛隊の存在を認める）と、それに抵抗する勢力（自衛隊の存在を一切認めない）との内部闘争が激しく行われ、現実問題に対処する政権

経済成熟と人口減少に適応した社会の構想を、野党でいる間に準備しなければなりません。自民党よりも上手に、部分最適の統治構造を使いこなし、経済を成長させ、人口を増加させる構想ではありません。それは、自民党内の主流派閥の交代に求められる役割ですし、その限界が、人々の働き方や生活に過大な負担を負わせ、少子化を助長させてしまっているからです。

野党にとって悩ましいのは、政権交代と構想実現を、当初は部分最適の統治構造において始めなければならないことです。政権交代ならば、耳目を引く公約や巧みな選挙戦術で実現するかもしれませんが、それだけでは構想実現に至らないと、民主党政権で既に示されています。構想をつくるならば、丁寧な合意形成で実現するかもしれませんが、与党と行政を的確にマネジメントできなければ、政権交代後に困難な政策を実現できません。重鎮政治家や大組織を率いたことのある経営者であれば、マネジメントはできるかもしれませんが、構想を腹の底から理解してくれるか、怪しいところです。

現在の野党に求められるのは、相対的に幾重にも不利なポジションから政権交代し、自民党には不可能な新たな統治構造と社会構造の構想を実現することです。それも早急に。これまでの野党や、海外の議院内閣制の国々の野党に求められる役割より、はるかに困難な役割です。けれども、それを実現しなければ、経済成長と人口増加を前提にした統治構造と、現実社会のかい離が進み、その矛盾がさらに人々へしわ寄せされることになります。

つまり、野党が時代に求められる役割を果たすには、従来レベルの構想と能力では、まったく不足なのです。大胆かつ緻密な統治構想と社会構想を用意し、内閣に熟達のマネジメント能力を発揮できる人材だけを送り込み、構想を着実かつ素早く実現しつつ、それに伴う副作用をゼロに近く抑えることを、中間団体に帰属意識を持たない人々とも丁寧に合意形成しながら、実行しなければなりません。できなければ、政権交代は「失敗」に終わります。

⑦……非自民政権の教訓

1955年の自民党の結党後、本格的な非自民政権は、細川政権と民主党政権だけでした。ですので、その教訓を考察することは、次の政権交代に向けて重要になります。

細川政権は、1993年の総選挙で自民党が過半数割れした結果、十分な準備なく発足した政権でした。細川政権の中核となった日本新党と新党さきがけの幹部は、当初、野党として政権準備をする考えでしたが、自派のついた側が与党になると分かり、選挙制度改革の一点で合意する「政治改革政権」を提唱することになりました。そして非自民政権が誕生したのです。[38]

細川政権は、戦後以来の大規模な選挙制度改革を実現し、自民党政権で積み残した難題に対処しつつも、9カ月ほどで退陣しました。8党派の連立内閣で、与党第一党の日本社会党はほぼ初めて与党を経験するなど、何もかもが初めてづくしとなりました。[39]

教訓の第一は、目標とする選挙制度改革の法案成立後から、政権の求心力が失われたことです。これは、骨太の政権構想を準備できず、選挙制度改革の一点で集まったためです。選挙制度改革だけでなく、複数の重要課題の実現を合意していれば、違ったのかも知れません。「国民福祉税構想」による混乱も、泥縄で次の重要課題を設定しようと試みた結果でした。このことは、予め政権構想を練っておくことの大切さを意味しています。[40]

第二は、困難な問題への対処を通じて、連立与党の運営が人治的な色合いを強め、与党間の信頼関係が崩れたことです。1955年以降で、初めての本格的な連立政権であったため、運営方法の前例もなく、政権運営しながら仕組みを考える状態でした。そこに、冷夏によるコメの緊急輸入や円高対策など緊急の問題が発生しました。素早く与党をまとめる必要と、8党派対等

38 田中秀征『さきがけと政権交代』東洋経済新報社、1994年、87－99頁。

39 細川政権の支持率は、当初の7割近くから、4割程度まで下落した。前田幸男「時事世論調査に見る内閣支持率の推移（1989－2004）」『中央調査報』569号。

40 田中秀征は、原因として「政治改革政権の役割が終了し、それによる求心力が失われた」こと、「政治改革法が自民党との妥協によって成立したため、細川政権の反自民の性格が薄められ」たこと、「政界再編という強力な遠心力が働くようになった」ことをあげている。同『時代を視る』ダイヤモンド社、1995年、27頁。

で合意形成する必要が衝突し、一部の政治家に非公式な力が集まるようになりました[41]。

次の本格的な非自民政権は、2009年に成立した民主党政権でした。当初は、社会民主党と国民新党による3党連立政権でしたが、翌年に社民党が連立離脱し、両党とも小政党であったため、実態としては民主党単独政権に近いものでした。

民主党政権は、最初の鳩山由紀夫政権が米軍基地問題で退陣し、次の菅直人政権が党内支持の低下で退陣し、最後の野田佳彦政権が2012年末の総選挙で敗北し、終わりました。民主党への政権交代の背景には、リーマンショックによる経済低迷と、自民党と行政の不祥事の蓄積がありました。民主党は、具体的な政策と工程表の公約「マニフェスト」を示して、総選挙に臨みました。そこは、準備不足だった細川政権の教訓を踏まえていたといえるでしょう[42]。

民主党政権の教訓の第一は、困難な課題に対して、全面突破で対処しようとして、財源問題に足を取られたことです。2010年度予算案の編成で財源不足に陥った政権は、小沢一郎幹事長の主導で公約と異なる決定を行い、編成にこぎつけたものの、支持を損ないました[43]。

41 成田憲彦『官邸（上・下）』講談社、2002年は、細川首相の政務秘書官だった政治学者による小説で、人治的な色合いを強めていった当時の連立与党の状況をうかがい知れる。

42 民主党アーカイブホームページ（2019年9月6日閲覧）より。

43 「ガソリン税などの暫定税率分の維持と子ども手当への所得制限導入は、8月の総選挙で掲げた党の政権公約（マニフェスト）の根幹部分を変更する内容だが、鳩山内閣は予算編成にそのまま反映する方針。小沢氏主導のマニフェスト改変で、政権の信頼性は大きく損なわれた」『朝日新聞』2009年12月16日朝刊。

第二は、公約の変更に加え、公約の趣旨に反する決定を次々と行い、信頼を失墜させたことです。特に、八ッ場ダムの中止に失敗したことや、公約で触れていなかった消費税増税を主張し始めたことにより、党内が混乱し、有権者の支持を失いました[44]。

第三は、政権の理念が、内閣と与党で十分に共有されていなかったことです。一貫性の弱さが、バラバラな言動や行政への丸投げ、猟官運動、与党や経産省の倒閣運動につながり、政権を徐々に弱体化させました。そもそも、曖昧な理念に基づく、一貫性を欠いた細かすぎる公約という問題もありました[45]。

第四は、政治主導や行政刷新、国家戦略局など「ブラックボックス」の中身と人材を詰めていなかったことです。そのため、それらを担った人たちが、事後的に中身を詰めることになりました。それは、政権が部分最適組織の集合体に変容していく死角となりました[46]。

⑧……安倍政権とはなにか

民主党政権後に発足した第二次安倍政権は、安定性と失政が長期併存する、

44 民主党は、2012年の総選挙で、230議席から57議席へと勢力を大きく減らした。

45 与党の倒閣運動としては、小沢一郎らによる菅内閣倒閣運動がある。経産省の倒閣運動としては、政治による倒閣運動のきっかけとなった「海水注入停止騒動」をめぐる動きがある。「菅政権の中枢は一連の海水注入停止騒動は、経産省の仕掛け、と見た」。大鹿靖明『メルトダウン』講談社、2013年、382頁。

46 民主党政権の二枚看板組織である行政刷新事務局と国家戦略室の両方で勤務した筆者の経験に基づく。両組織での勤務経験を有するのは、政治家を除けば、筆者と事務を担った非常勤職員の二人だけと思われる。

不思議な政権です。支持率は、ほぼ40%から50%を維持し、発足後に2度の衆院選、3度の参院選があり、いずれも与党で過半数を得ています。一方、森友学園問題、加計学園問題、自衛隊日報問題、公文書・統計改ざん問題、桜を見る会問題、大臣や政府高官の失言など、失政や不祥事も事欠きません。経済政策の実績を見ても、景気拡大を継続する一方、成長率やインフレ率などの重要目標は未達成です。

安倍政権の安定性は、官民に広がる部分最適組織のほとんどを支持勢力としていることによります。それは、行政組織のように意に沿う献策をすることから、支持する中間団体のように利益擁護と引き換えに集票・集金すること、一部の労働組合のように、支持しないまでも、積極的な不支持の活動をしないことまで含まれます。また、公明党の支持団体である創価学会や安倍首相個人を強力に支持する右派団体群が、それを補完しています。

そのため、安倍政権は、経済成熟と人口減少などの現実の変化に抵抗する、日本中の部分最適組織の総力による「最強かつ最終の砦」との性格を有します。経済成熟と人口減少では、部分最適組織が分け前を拡大することが困難で、互いの潰し合いが避けられないからです。

安倍政権による経済政策の「総力戦」が、与党や支持団体からの求心力を

高めています。また、野党系の一部団体の姿勢を政権に好意的なものとしています。アベノミクスの特徴は、過去の自民党政権での経済政策を同時かつ大規模に実行することだからです。実行役の内閣と党幹部には、安倍首相や麻生財務相などの二世・三世議員を並べ、自民党の人材の総力戦となっています。行政からは、安倍首相の祖父ゆかりの経済産業省を筆頭に、外務省と財務省、防衛省、警察庁の官僚を重用し、側近としています。財界からは、経団連の幹部などを政府に起用し、求める政策を忠実に実行しています。[47]

また、安倍政権は「美しい日本」という規範を重視しており、それが右派団体や文化人からの支持を強めています。規範性の強さは、規範と現実のかい離を必然的に生じさせますが、政権と支持者は、規範に合わせて現実への認識を変更することで対応しています。こうした現象は、アメリカのトランプ政権においても「オルタナティブ・ファクト」として見られます。規範と現実が異なる場合、現実が間違っていると認識するわけです。

この「美しい日本」という規範は、安倍首相によって明言されるものでなく、首相を支持するメディアや文化人などの言説で、空気のように醸成されます。黙認も含め、首相が追認的な言動をすることで、彼らの地位や発言力が高まるという相互関係にあります。

47 本節は、前掲「安倍政権とは何か？」に基づく。

規範と現実のかい離を埋められない場合、政権や支持者が「精神総動員」とでも呼べるような「規範に合わない現実」への攻撃を展開します。例えば、安倍首相に近い議員や文化人などによる性的少数者への攻撃は、性的少数者の存在が急速に社会で認知されることに対し、認知するなと社会に呼びかける「精神総動員」と考えられます。性的少数者は「男性の父と女性の母と二人の間に生まれた子」という「美しい日本」の家族像にそぐわないからです。[48]

政権を批判したり、異なる意見を述べたりするメディアや文化人、個人を「反日」と排撃する言説も「精神総動員」です。これは、安倍政権と日本という国家を同一視することが前提になっています。「精神総動員」に従わない人は「国家の敵」という認識です。

安倍政権は、これら「総力戦」と「精神総動員」に加えて、度重なる低投票率に助けられ、安定性を確保しています。有権者の一部ではあっても、強固な支持者を繋ぎとめておけば、選挙に負けないのです。[49]

⑨……タテマエとホンネの国家方針

安倍政権は、現実の変化に抵抗して、従来の経済構造と統治構造を維持し

48 「精神総動員」という表現は、戦前の「国民精神総動員運動」になぞらえたもの。後者は「滅私奉公・臣道実践などのスローガンに表現されるもの」で、戦争に批判的な人々を「非国民」と蔑視する基盤であったことから、安倍政権に批判的な人々を「反日」と呼ぶ風潮と政権に近い文化人がそれを煽る動きを含め「精神総動員」と呼ぶことは的外れでないと考える。引用は、前掲『現代政治学小辞典新版』１５０頁より。

49 安倍政権の発足後の国政選挙の投票率は、２０１３年参院選５２・６１％、２０１４年総選挙５２・６６％、２０１６年参院選５４・７０％、２０１７年総選挙５３・６８％、２０１９年参院選４８・８０％であった。総務省ホームページ（２０１９年９月６日閲覧）より。

ての経済成長を、なりふり構わず目指しています。いわば、経済戦争を勝ち抜くための「総力戦」で、出生率も生活も、政権批判などの市民的自由も犠牲にする「国家総動員」を展開しているわけです。[50]

この政策方針に、壁となって立ち塞がっているのが、日本国憲法です。憲法は、個人の幸せと市民的自由の追求、すなわち基本的人権を至上の価値とし、それを担保する民主主義と平和主義を原則としています。すると、経済成長のために、基本的人権を多少でも犠牲にしなければならないと思えば、どうしても憲法に抵触してしまいます。

これまでの自民党政権は、タテマエの国家方針としての憲法と、ホンネを使い分けてきました。タテマエの国家方針である憲法は「個人重視」で、ホンネの国家方針は「国家重視」です。経営者とともに労働運動に敵対し、死をもたらす公害を黙認し、海外への強引な経済進出をしても、本気で憲法を改正しようとはしてきませんでした。それは、憲法の解釈の幅と司法を含めた統治層の保守性に加え、保守層や経営層を含めて広範な人々に憲法が定着していたことと、改正せずとも経済成長を実現できていたからでした。自民党は、憲法解釈の枠内でホンネの政策を展開しつつ、憲法改正で政権を失うリスクを回避してきたのです。

50 本節は、前掲「安倍政権とは何か？」に基づく。

しかし、低成長で行き詰まっていたところに、憲法改正に情熱を燃やす安倍首相が登場しました。安倍首相の政治信条は、祖父・岸元首相を理想としています。岸は、統制経済を推進する商工省（現在の経産省）の「革新官僚」として戦前に台頭し、東条英機政権で国家総動員を主導する閣僚（国務大臣兼軍需次官）を務め、戦後に第3代自民党総裁として、首相になりました。首相として憲法改正を企図したものの、失敗に終わっています。[51]

自民党からすれば、日本の国家方針について、タテマエの「個人重視」をホンネの「国家重視」に変える機会が、いよいよ訪れました。憲法を全面的に変更するのか、それとも一部から徐々に変えていくのか。いずれにしても、国家方針の変更を目指すことは同じです。

憲法は、主権者が権力を縛るものであると同時に、枠内での政策展開しか認めない国家方針です。国家方針という点では、主権者に対しても政策選択のフリーハンドを認めているわけでなく、憲法の認める範囲内での選択肢しか認めていません。経済成長のためだからといって、基本的人権の侵害や戦争など、何をしてもいいわけではありません。

歴史的に見れば、戦前の大日本帝国憲法（明治憲法）**は「国家重視の大日本主義」で、日本国憲法は「個人重視の小日本主義」です。**明治憲法は、個

51 「岸は安保改定の次の課題として、できることなら、みずからの政権において改憲への道筋をつけようとした」。原彬久『岸信介』岩波書店、1995年、230頁。

人を国家に従属させ、軍事的な大国を是としていました。現行憲法は、国家を個人に従属させ、軍事的な大国を目指さない方針です。前者は、個人を犠牲にしてでも「富国強兵」を目指し、後者は、個人を犠牲にしない範囲での「富国」を目指す方針で、幕末から現代まで続く、国論の最大争点です。[52]

そして、有権者からすれば、国家方針について次の3つの選択肢が、目の前に提示されていることになります。安倍政権は、どれを選択するのか、有権者に迫りつつあります。

第一の選択肢は、国家重視というホンネの国家方針に合わせ、タテマエの国家方針である憲法を改正する。これは、安倍政権と自民党の考え方です。

第二は、引き続き、政権のホンネと、憲法というタテマエを併存させる。この行き詰まりが中道勢力の弱体化になっていると考えられます。

第三は、個人重視の憲法というタテマエの国家方針に合わせ、政権のホンネ（各種の政策）を変更する。野党に求められている選択肢と思われますが、明確になっていません。

52 小日本主義の代表格の石橋湛山については、増田弘『石橋湛山』ミネルヴァ書房、2017年を参照のこと。田中彰は、維新政府（大日本主義）と自由民権運動（小日本主義）にそれぞれの潮流を見出している。同『小国主義』岩波書店、1999年。井出孫六は、その分岐点を佐久間象山（小日本主義）と吉田松陰（大日本主義）の師弟の違いに見出している。同『石橋湛山と小国主義』岩波書店、2000年。関良基は、赤松小三郎（小日本主義）と長州藩（大日本主義）の違いに注目している。同『赤松小三郎ともう一つの明治維新』作品社、2016年。関は、長州藩から山口県を選挙区とする岸、安倍につながる大日本主義を「長州レジーム」と見ている。信州出身の佐久間象山と赤松小三郎を小日本主義の祖とすれば、対置されるそれを「信州レジーム」と呼べるかもしれない。なお、

⑩……政権交代と経済政策の転換は一体不可分

これまで見てきたとおり、既存の経済と統治の構造のまま経済成長することと、個人の幸福追求が、相容れなくなっています。安倍政権は、経済成長の総力戦を展開していますので、個人の幸福追求の優先順位は、必然的に低下します。それが、アベノミクスと憲法改正という、政権の重要方針になっています。

これは、統治構造と経済政策、社会政策が一体化しているためです。社会政策とは、医療や福祉、教育など人々の生活に直結する政策です。経済成長と人口増加の時代には、部分最適組織の集合体である統治構造と、重工業と公共事業を中心とする経済政策は、人々の生活を改善する社会政策の拡大と矛盾しませんでした。そのため、社会政策は、経済成長と人口増加を前提に、既存の統治構造及び経済政策と一体化して構築されてきました。

したがって、前提が崩れた現在、社会政策を拡充するには、経済政策の転換が必要となり、経済政策の転換には統治構造の転換が不可欠です。逆に、統治と経済の構造を維持するには、社会を犠牲にするしかありません。もしかすると、どこの国も成功したことのない、それらを鼎立させる奇手がある

石橋湛山は隣の甲州（山梨県）出身である。

のかもしれませんが、それは日本に住む人々を、マッドサイエンティストの実験台にすることと同じです。

要するに、政権交代と経済政策、社会政策の転換は、一体不可分です。一部だけを改善し、全員にいい顔をする「いいとこ取り」はできません。社会政策を拡充すれば、巡り巡って、現在のシステムで利益を得ている誰かが、それを損なうことになります。例えば、働く人々の賃金を上げれば、企業の純益と内部留保が減少します。株価も下がるでしょう。あるいは、人口を維持しようと移民を大量に受け入れれば、社会的な摩擦が生じます。すべての既存のシステムを従来どおり維持できなくなったことが、経済成熟と人口減少の時代の必然なのです。

安倍政権が経済成長のために個人を犠牲にすると国家方針を明確にしているのに対し、野党は方針を明確にできていません。安倍政権よりも強力に経済成長するのか（第一の選択肢）、安倍政権を修正（成長と犠牲を小さく）するのか（第二の選択肢）、統治と経済の構造から根本的に転換するのか（第三の選択肢）。どの国家方針を採用するのか、明確になっていません。

多党化している野党が、国家方針を明確にするには、大いに対話することが必要です。政党間だけでなく、各々の政治家が、自らの立ち位置を示し、党内外で対話を重ねるのです。そこに、政治家でない様々な人々も参加し、対話の輪を広げることが大切です。

大きな国家方針を共有できれば、それが連立政権の基盤になります。個別具体の政策は、議論すれば、自ずと落ちつくところに落ちつきます。自民党と公明党の連立政権が、強固に長続きし、関係が野党になった間も維持されてきたのは、個人よりも大義（自民党は国家、公明党は人間）を重視する大方針を共有しているからです。なお、国家方針を共有することと、政党として遠い将来に目指す国家像は、違います。自民党と公明党も、将来の国家像まで一致しているわけではありませんし、重視する政策もまったく違います。[53]

ところで、第二章の最後に示したように、経済成熟と人口減少を前提とした個人重視の国家方針に転換することと、経済成長しないことは、必ずしも同じではありません。そこが、日本社会への希望を感じさせるところです。その方法を考察するには、部分最適組織の集合体の統治構造が、社会にどのような弊害をもたらしているのか、もう少し詳しく見る必要があります。

そこで、次章では、政治さえ変えれば社会が良くなるのか、それとも政治だけ変わってもダメなのか、考察します。

53 公明党は「人間・人類の幸福追求を目的」とし、「個人」とはしていない。公明党ホームページ（2019年9月8日閲覧）より。

●第三章参考文献

明石順平『国家の統計破壊』集英社インターナショナル、2019年
浅野一郎『選挙制度と政党』信山社、2003年
飯尾潤『政局から政策へ』NTT出版、2008年
五百旗頭真・伊藤元重・薬師寺克行編『小沢一郎』朝日新聞出版、2006年
五百旗頭真・伊藤元重・薬師寺克行編『菅直人』朝日新聞出版、2008年
石原信雄・御厨貴・渡邉昭夫『首相官邸の決断』中央公論新社、2002年
井出孫六『石橋湛山と小国主義』岩波書店、2000年
上田章『国会と行政』信山社、1998年
大鹿靖明『メルトダウン』講談社、2013年
大森彌『官のシステム』東京大学出版会、2006年
大山礼子『国会学入門 第2版』三省堂、2003年
大山礼子『日本の国会』岩波書店、2011年
奥島貞雄『自民党幹事長室の30年』中央公論新社、2002年
小幡績『リフレはヤバい』ディスカヴァー・トゥエンティワン、2013年
柿﨑明二『「次の首相」はこうして決まる』講談社、2008年
軽部謙介『官僚たちのアベノミクス』岩波書店、2018年
川人貞史・吉野孝・平野浩・加藤淳子『現代の政党と選挙新版』有斐閣、2011年
菅直人『大臣 増補版』岩波書店、2009年
木村英昭『官邸の100時間』岩波書店、2012年

栗林良光『大蔵省主計局』講談社、1986年
古賀茂明『日本中枢の崩壊』講談社、2011年
小森敦司『日本はなぜ脱原発できないのか』平凡社、2016年
島田裕巳『公明党 vs. 創価学会』朝日新聞出版、2007年
清水真人『経済財政戦記』日本経済新聞出版社、2007年
下村健一『首相官邸で働いて初めてわかったこと』朝日新聞出版、2013年
城山英明・鈴木寛・細野助博『中央省庁の政策形成過程』中央大学出版部、1999年
城山英明・細野助博『続・中央省庁の政策形成過程』中央大学出版部、2002年
関良基『赤松小三郎ともう一つの明治維新』作品社、2016年
竹中治堅『参議院とは何か』中央公論新社、2010年
田中彰『小国主義』岩波書店、1999年
田中秀征『さきがけと政権交代』東洋経済新報社、1994年
田中秀征『時代を視る』ダイヤモンド社、1995年
田中秀征『民権と官権』ダイヤモンド社、1997年
田中信一郎『国会質問制度の研究』日本出版ネットワーク、2012年
長妻昭『招かれざる大臣』朝日新聞出版、2011年
中邨章『新版・官僚制と日本の政治』北樹出版、2001年
成田憲彦『官邸（上・下）』講談社、2002年
西川伸一『官僚技官』五月書房、2002年
日本経済新聞社『官僚』日本経済新聞出版社、1994年

日本経済新聞社『政権』日本経済新聞出版社、2010年
原彬久『岸信介』岩波書店、1995年
保坂正康『そして官僚は生き残った内務省、陸軍省、海軍省解体』毎日新聞社、2011年
細川護煕『内訟録』日本経済新聞出版社、2010年
堀江湛『統治システムと国会』信山社、1999年
牧原出『内閣政治と「大蔵省支配」』中央公論新社、2003年
牧原出『行政改革と調整のシステム』東京大学出版会、2009年
増田弘『石橋湛山』ミネルヴァ書房、2017年
水野和夫・山口二郎『資本主義と民主主義の終焉』祥伝社、2019年
村川一郎『政策決定過程』信山社、2000年
藻谷浩介・河野龍太郎・小野善康・萱野稔人『金融緩和の罠』集英社、2013年
山口二郎『政権交代とは何だったのか』岩波書店、2012年

論争コラム……3

選挙制度をどうするか？

衆議院の選挙制度は、小選挙区比例代表並立制です。定数465人のうち、小選挙区289人、11ブロック比例区176人です。

参議院は、選挙区と非拘束名簿式の全国比例区です。定数248人のうち、3年ごとに半数を改選し、一回の選挙で選出されるのは、選挙区74人、比例区50人です。

小選挙区の特徴は、最多得票者の当選者をその地域の民意を代表すると見なす点です。第一党に得票以上の議席を与え、政権運営を安定化させることが重視されています。国会議員713人のうち、約半数（衆院289人・参院64人）が小選挙区から選出されています。

比例区の特徴は、得票割合に応じて議席を配分することです。政権運営の安定化より、議会内の合意形成が重視されています。定数が小さいほど多数派が有利になり、定数が大きいほど少数派の議席獲得の機会が増えます。

私は、将来的に選挙制度を抜本改革すべきと考えています。なぜならば、現行の制度が中間組織の民意を過剰に反映しやすい一方、そこに属さない人々の意見を過少にしやすいからです。人口減少など、前例のない時代に突入するに当たり、衆知を適切に反映し、人々の連帯を促進する選挙制度が必要です。

衆院では、比例を基本とする選挙制度にすべきと考えます。議席数を政党の得票割合に応じて配分する制度です。例えば、定数400人の小選挙区比例代表併用制で、比例区を全国区にすることが考えられます。これは、比例区での得票割合で議席数が決まり、小選挙区での当選者からその議席を埋めていきます。小選挙区当選者が議席数に満たない場合、比例名簿の順位で議席を埋めます。小選挙区当選者が議席数より多い場合、超過議席として定数をその分だけ増やします。無所属でも、小選挙区で当選すれば議席を得られます。

参院では、大選挙区にすべきと考えます。複数定数の選挙区で構成される制度です。例えば、改選定数100人の全国11区の選挙区（現在の衆院比例ブロック）にすれば、3～16人の大選挙区になります。

こうすれば、衆院は政党、参院は人物を本位とし、両院の違いが明確になります。衆院は、首相の指名権と内閣不信任権を持つことから、政党選択の制度が適切です。参院は、政党本位の内閣と衆院をチェックする役割のため、人物選択の制度が適切です。

現行の選挙制度は、衆参ともに都道府県単位を重視し、それが定数是正を困難にしています。これは、地方の意見を国会に反映することを大義名分にしています。

地方の意見については、国と地方の協議の場に関する法律によって、国会とは別に、自治体の長と議会の意見を国政に反映させることになっています。これは、首相をはじめとする重要閣僚と、知事会や市長会、町村長会、議長会の代表で構成されています。

よって、国会議員の選挙区を設定するに当たり、都道府県単位をことさらに墨守する必要はありません。地域意見の反映は、自治体の代表に任せ、国会議員は全国民を代表する視点（もちろん地域の実情も含まれます）で、選べばいいのです。

第四章

政治を変えれば社会は良くなるのか？

①……必要条件としての政策転換

政治を変えることは、日本を経済成熟と人口減少に適応した社会に転換する上で、不可欠です。長年にわたって与党の座にいる自民党、霞が関の各府省、経団連などの経済界、その他の業界団体や宗教団体、各種団体に至るまで、各種組織が部分最適を指向する結果として、経済成長と人口増加の追求が不可欠な状況となり、その追求の観点で経済政策などの様々な政策が決定され、少子化をはじめとする様々な社会問題が助長されているからです。部分最適組織の集合体としては、経済成熟と人口減少を前提とする社会を受け入れがたいのです。現実はどうあれ、それらを追求すること自体が、集合体の旗として降ろせません。

すると、政権交代させて、政策転換を実現すれば、経済成熟と人口減少に適応した社会になるのでしょうか。優秀な政治家たちに託せば、あとは高みの見物で、社会がより良く変わっていくのでしょうか。部分最適組織が力を失い、全体最適を目指す社会になるのでしょうか。

政権交代さえすれば、あとは何とかなるという考え方は、エリート主義を意味します。ここでいうエリートとは「社会の各分野での優越的な専門家」

郵 便 は が き

お手数ですが
切手をお貼り
ください。

１０２−００７２
東京都千代田区飯田橋３−２−５
㈱ 現 代 書 館
「読者通信」係 行

ご購入ありがとうございました。この「読者通信」は
今後の刊行計画の参考とさせていただきたく存じます。

ご購入書店・Web サイト

書店 都道府県 市区町村

お名前《ふりがな》

〒

ご住所

TEL

Eメールアドレス

ご購読の新聞・雑誌等 特になし

よくご覧になる Web サイト 特になし

上記をすべてご記入いただいた読者の方に、毎月抽選で
５名の方に図書券５００円分をプレゼントいたします。

お買い上げいただいた書籍のタイトル

本書のご感想及び、今後お読みになりたいテーマがありましたらお書きください。

本書をお買い上げになった動機（複数回答可）

1.新聞・雑誌広告（　　　　　　　　）　2.書評（　　　　　　　）

3.人に勧められて　4.SNS　5.小社HP　6.小社DM

7.実物を書店で見て　8.テーマに興味　9.著者に興味

10.タイトルに興味　11.資料として

12.その他（　　　　　　　　　　　　　　　　　　　）

ご記入いただいたご感想は「読者のご意見」として、新聞等の広告媒体や小社Twitter 等に匿名でご紹介させていただく場合がございます。
※不可の場合のみ「いいえ」に○を付けてください。　　　　いいえ

小社書籍のご注文について（本を新たにご注文される場合のみ）

●下記の電話や FAX、小社 HP でご注文を承ります。なお、お近くの書店でも取り寄せることが可能です。

TEL：03-3221-1321　FAX：03-3262-5906
http://www.gendaishokan.co.jp/

ご協力ありがとうございました。
なお、ご記入いただいたデータは小社からのご案内やプレゼントをお送りする以外には絶対に使用いたしません。

のことで、必ずしも一般的に用いられる意味とは同じでありません。国会議員であれば誰でも、自動的に一般の人々に対して「優越的な専門家」になります。エリート主義とは、有力者によって社会が支配されているとの見方です。ただ、これまで見たように政官財の一部有力者だけが影響力を行使しているのでなく、大小それぞれの組織に影響力をもつエリートがいて、問題に応じてそれぞれの異なるエリートが影響力を行使しています。[1]

エリート主義の見方を変えれば、パターナリズムになります。これは「他者の利益を名目に他者の行動に強制的に干渉しようとする考え方」で「父権的温情主義」とも呼ばれます。ここでの「干渉」も、必ずしも本人の望まない決定をさせようとする、一般的な使い方と異なります。誰かを幸せにしようとする行為であっても、本人の意思と決定を尊重しなければ「干渉」となり「パターナリズム」と評されます。[2]

気をつけなければならないのは、部分最適組織の集合体が、善意の集合体であることです。部分最適組織の有力者（エリート）たちは、ほとんどすべて善意にあふれています。悪意があれば、それは背任になります。背任を指向する極少数の例外が存在する可能性を否定しませんが、ほとんどのエリートは組織の利益を最大化することで、組織を構成する人々の幸せを増進しよう

1 ここで論じている「政策形成の場において、エリートの内部では政策領域の専門化による多元性が存在し、争点領域ごとに異なるエリートが決定に影響力をもっているという主張」を「多元的エリート論」と呼ぶ。本書で論じている「部分最適組織集合体モデル」とは、多元的エリート論を日本に当てはめた見方である。前掲『現代政治学小辞典新版』289頁。

2 池松辰男「パターナリズム」imidasホームページ（2019年9月11日閲覧）より。

としているのです。

だからこそ、経済成熟と人口減少に適応した社会に転換できないのです。それらを認めることは、どこかの部分最適組織にマイナスをしわ寄せし、それがずっと続くことを意味します。部分最適組織の集合体として、それは自傷行為を意味します。

よって、経済成熟と人口減少への適応を指向するといっても、政治エリートに社会の転換を任せるのは自己矛盾となります。大小様々な組織のエリート主義の集合体が、機能不全を起こしているのに、それをエリート主義によって打破することになるからです。

経済成熟と人口減少に適応するならば、エリート主義・パターナリズムこそ、乗り越えなければならない壁です。政治に要求し、政治エリートがそれに応えるだけでは、有史以来の前提条件の変化に対応できないのです。

そこで、本章では、政治を変えるだけでは社会が変わらないことを、具体事例に即して考察します。そして、必要条件としての政策転換に対し、十分条件として必要なこと、すなわちエリート主義・パターナリズムを乗り越える道を明らかにします。

②……少子化なのに保育園が足りないわけ

日本全体で見ると、子どもの数が年々減っています。子ども（15歳未満）の人口は、1955年頃のピークに約3000万人でしたが、2018年には半分の約1500万人にまで減少しています。総人口に占める割合も、1955年の33・4％から2018年の12・3％まで減っています。[3]

それにもかかわらず、希望するのに保育園へ入れない「待機児童」が大きな社会問題になっています。保育園の定員は、2011年の約220万人から毎年増加し、2018年に約280万人になっています。一方、待機児童数は、2011年の約2万5千人から一進一退で、2018年には約1万9千人になっています。定員が着実に増加する一方、待機児童は解消されない状態です。[4]

原因の一つは、入園希望者に合わせて保育園の定員を増減させる保育政策にあります。待機児童が生じてから、定員を増やす前提になっているわけです。6歳になって小学校に入学するときには、待機児童問題が生じません。それは、小学校が義務教育で全入を前提としているからです。一方、就学前教育は義務でないどころか、保育園は教育ですらなく、育児の代行です。あ

3 総務省統計局プレスリリース「我が国のこどもの数」2018年5月4日より。

4 厚労省「保育所等関連状況取りまとめ」2018年9月7日より。

くまで、就学前の育児に専念する専業主婦家庭を原則とし、例外的に仕事をしなければ生計を立てにくい家庭への「福祉」として、保育園が存在します[5]。

大都市への子どもの集中も、原因の一つになっています。全待機児童の7割が、東京圏（埼玉・千葉・東京・神奈川）、大阪圏（京都・大阪・兵庫）の二大都市圏で占められています。親たちの勤務先が大都市に集中するため、待機児童も集中するのです。これは、企業の大都市集中が、待機児童問題の背景にあるともいえます[6]。

これらの他、もう一つ重要な原因として、マンションの建設があります。待機児童のもっとも多い世田谷区では、１９９５年頃から人口と世帯数が増加傾向にあります。１９９５年に約78万人だった人口は、２０１８年に約90万人となりました。背景にあるのが、転入者の増加で、１９９５年から一貫して転入超過の状態です。同区では、毎年9千〜1万戸（年間平均約65万㎡）の住宅が新築され、多くがマンションと考えられます。要するに、世田谷区の新築マンションに子育て世帯が区外から移り住み、保育園需要がその分だけ増加しているのです[7]。

たいていの場合、大都市の新築マンションは、古い戸建住宅を更地にして建てます。例えば、戸建住宅6戸（住民18人）があったところに、12階建て72

5 保育園（保育所）は、児童福祉法に定められる児童福祉施設の一つである。同第7条「児童福祉施設とは、助産施設、乳児院、母子生活支援施設、保育所、幼保連携型認定こども園、児童厚生施設、児童養護施設、障害児入所施設、児童発達支援センター、児童心理治療施設、児童自立支援施設及び児童家庭支援センターとする」一方、幼稚園は、学校教育法に定める学校の一種である。同第1条「学校とは、幼稚園、小学校、中学校、義務教育学校、高等学校、中等教育学校、特別支援学校、大学及び高等専門学校とする」。

6 前掲「保育所等関連状況取りまとめ」２０１８より。

7 世田谷区「統計書」２０１８年版より。

戸（住民216人）のマンションが建つと仮定しましょう。戸建住宅が土地を売るのは、たいてい相続ですので、高齢者家族がほとんどです。一方、マンション購入は、多くが子育て世帯です。適齢期の子どもが3割いるとすれば、保育園需要は22人となり、もし近隣の保育園が定員いっぱいだったら待機児童になります。マンションが次々と建設されれば、その分だけ保育園需要が増加します。

つまり、低所得化や男女平等により、専業主婦モデルが崩れて保育園需要が増加するところへ、局所的にマンションが急増し、待機児童問題として社会問題化しています。これまで、待機児童の増加は所与とされていましたが、都市開発の問題としてコントロールできるのです。

マンション急増による待機児童は、不十分な都市計画によるマンション急増の追認という政策の問題と、そこを問題として認識できていない市民の問題の二面あります。都市計画の規制の緩さは、自由な土地利用を是としてきた日本特有の問題です。ドイツでは、議会の承認を得る都市計画（Bプラン）で認められていない建物を、自分の土地でも勝手に建てられません。集合住宅の建設は、保育園や公共施設、交通など、多面的な検討の上で、決まります。[8]

8 ドイツの都市計画制度は、村上敦『フライブルクのまちづくり』学芸出版社、2007年を参照のこと。

そのため、待機児童の多い地域の市民が、自由なマンション建設・土地利用を認めず、自治体で民主的にコントロールできるよう、声を上げなければ、今後も待機児童問題が続きます。

③……心筋梗塞・脳梗塞で倒れるわけ

日本の死因の1位は悪性新生物（がん）、2位は循環器系疾患（心筋梗塞や脳梗塞など）です。2016年に亡くなった人の原因は、がん28・5%、心疾患（心筋梗塞など）15・1%、肺炎9・1%、脳血管疾患（脳梗塞など）8・4%、老衰7・1%でした。心疾患と脳血管疾患は、いずれも血液の循環に関する病気で、循環器系疾患と総称されます。[9]

日本の平均寿命は、循環器系疾患の一つである脳血管疾患の死因に占める割合の減少と共に、延びていきました。1951年から1980年までの30年間にわたり、死因の第1位は脳血管疾患でした。その後、がんに取って代わられ、現在に至っています。平均寿命は、1951年の男性60・8歳、女性64・9歳が、1981年の男性73・79歳、女性79・13歳、2017年の男性81・09歳、女性87・26歳になっています。[10]

9 厚労省「我が国の人口動態」2017年、52頁。
10 厚労省「人口動態統計年報」及び「簡易生命表の概況」2017年より。

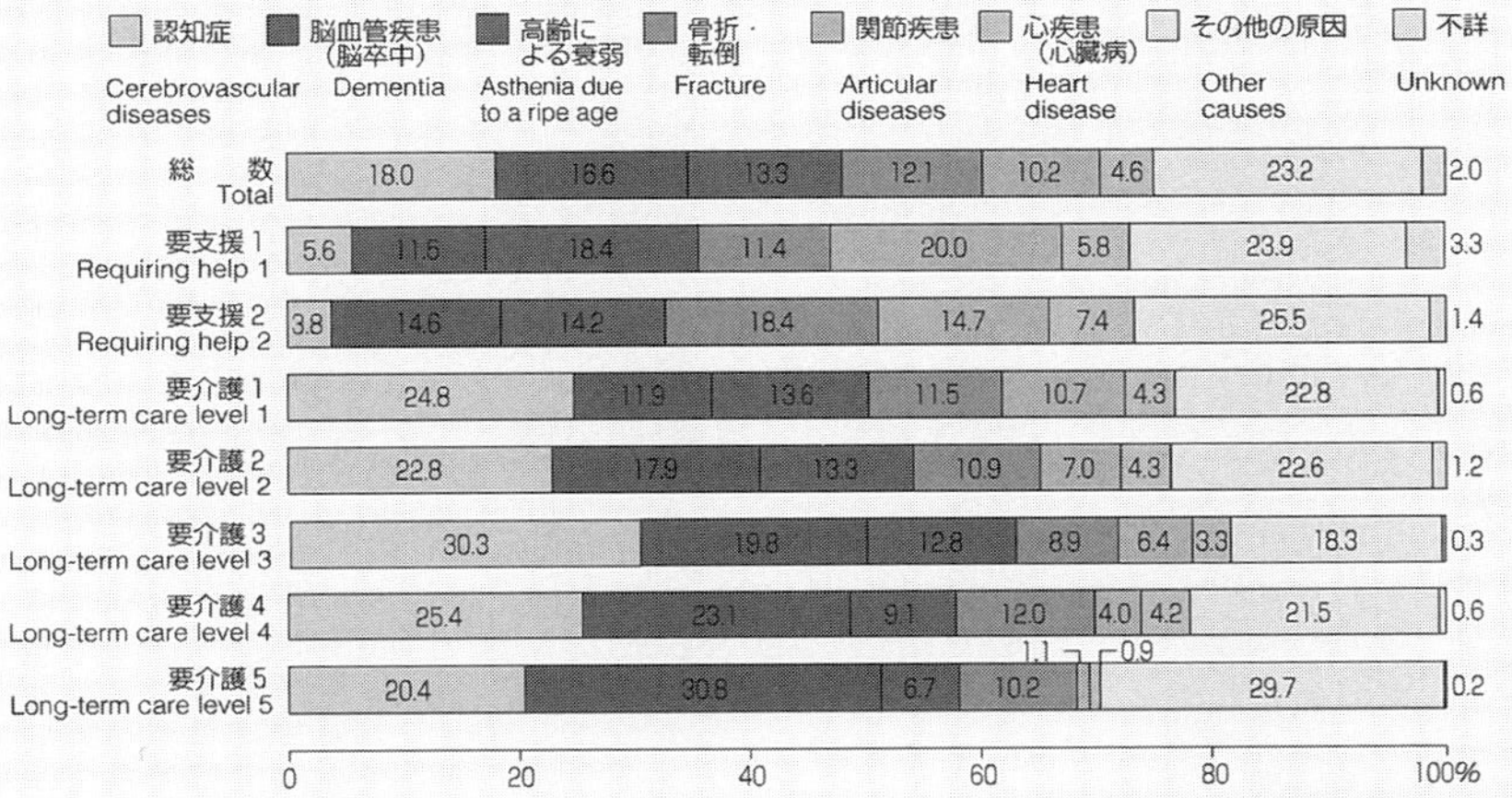

注：1．「総数」には、要介護度不詳を含む。
2．「その他の原因」には、「不明」を含む。
Note：1. "Total" includes persons whose level of long-term care is unknown.
2. "Other causes" includes "Unspecified".

［図表13］要介護度別にみた介護が必要となった主な原因の構成割合

循環器系疾患は、本人や家族にとって辛いものであると同時に、医療費と介護費の押し上げ要因となり、社会にとっても辛いものです。国民医療費は、１９７０年代のＧＤＰ比４％程度から、２０１０年代の同８％程度に増えています。疾病別では、循環器系疾患が約20％を占めて１位で、がんは約14％です。図表13を見ると、もっとも重い要介護５の原因の１位が、認知症でなく、循環器系疾患です。予防できれば、医療などを受けずに済んだかもしれません[11]。

循環器系疾患の予防で重要になるのが、生活習慣とともに、住宅の温熱環境です。喫煙の防止、バランスの良い食生活、適度な運動が、予防に重要なことは広く知られています。一方、急激な温度変化が、循環器系疾患を引き起こすことも知られていますが、その知識が住宅と結びつき始めたのは最近です。住宅内の温度差による循環器系疾患などの発症が「ヒートショック」として知られるようになりました[12]。

そのため、夏よりも、冬の方が死亡率は高くなります。図表14は、２０１５年の死亡者数を１月から12月まで、死因別に示したグラフです。死因２位〜４位の心疾患、肺炎、脳血管疾患に共通するのは、冬に死亡数が増え、夏に減る傾向です。

11 厚生労働省「国民医療費の概況」２０１６年及び「グラフで見る世帯の状況」２０１８年より。

12 例えば、近年もっとも発行部数の多い週刊誌（日本雑誌協会ホームページに基づく）（２０１９年９月11日閲覧）の『週刊文春』は２０１７年10月５日号、２０１９年６月27日号など、たびたびヒートショックの問題を報じている。

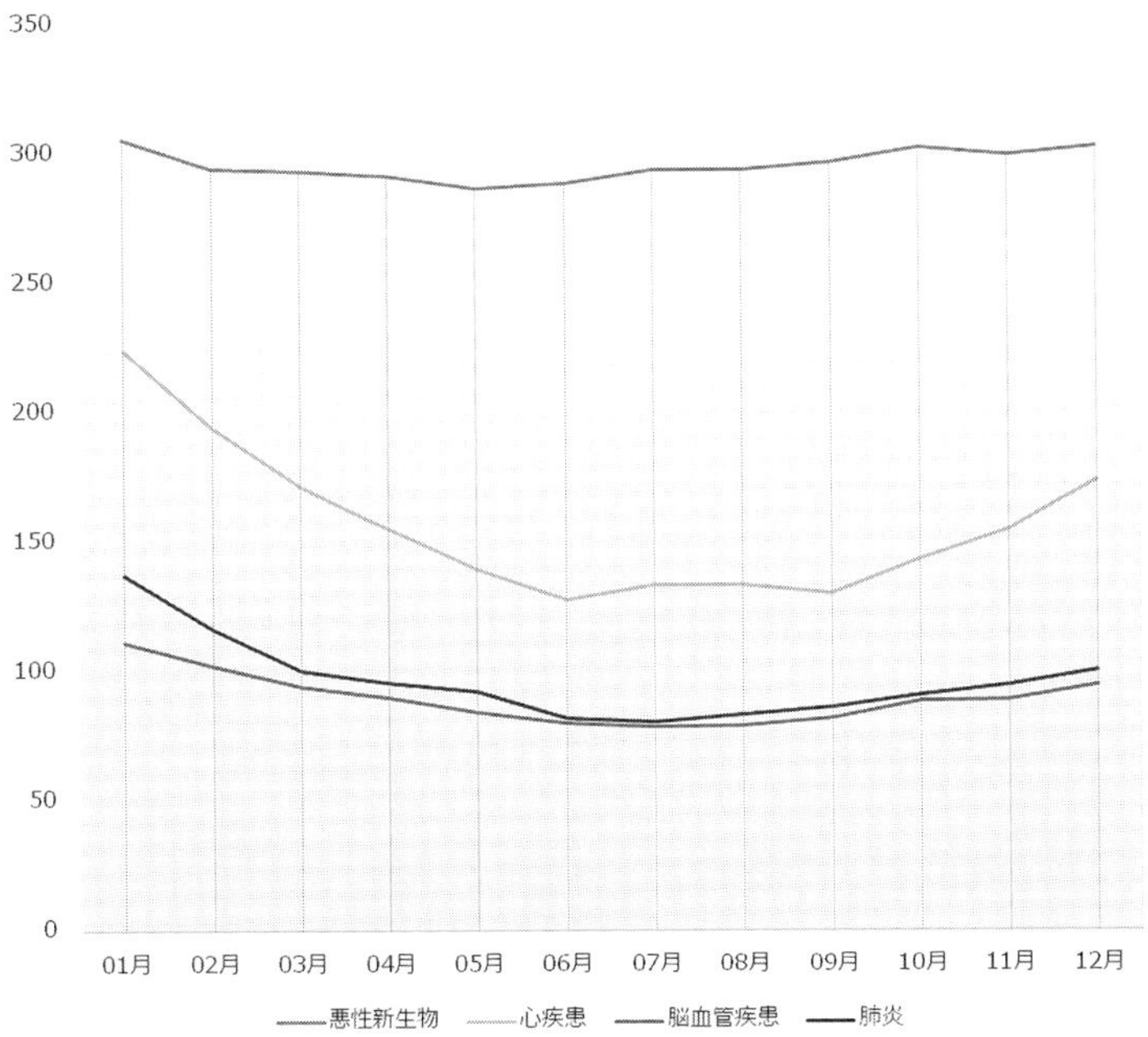

［図表14］日本の主要な死因別月間死亡率（2015年）　＊縦軸は10万人当たりの死亡数

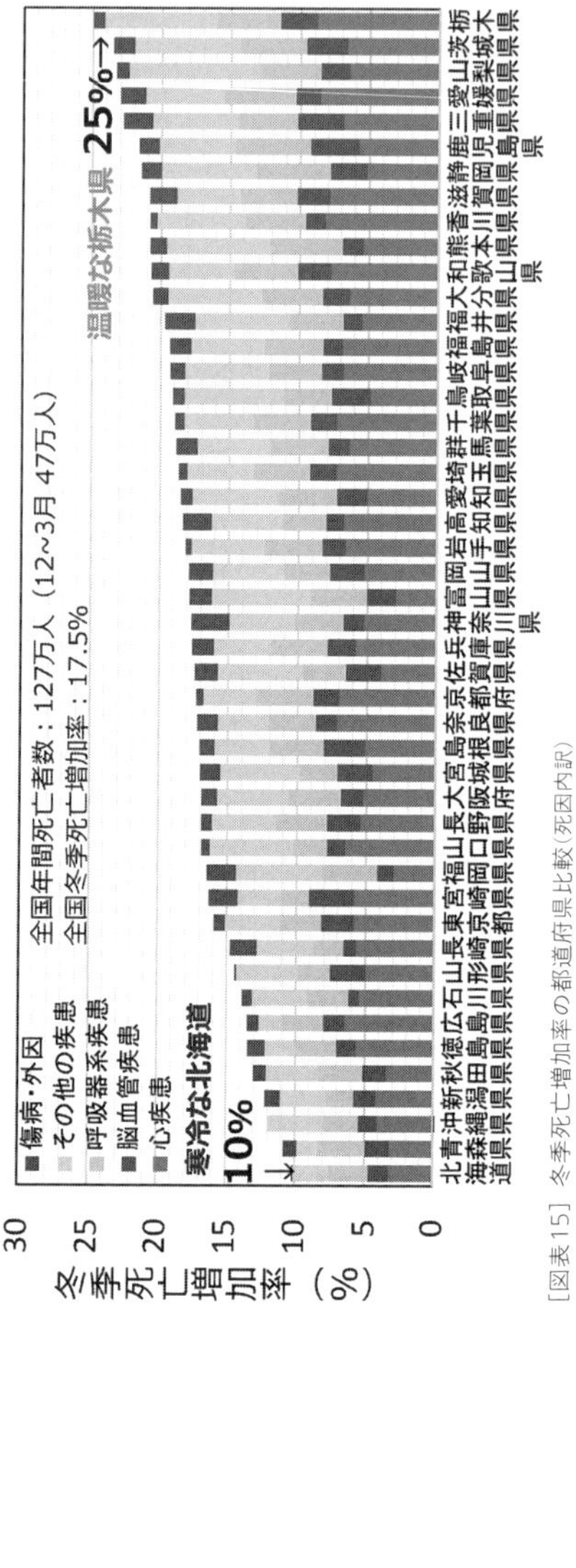

［図表15］冬季死亡増加率の都道府県比較（死因内訳）

しかし、都道府県別に冬と夏の死亡率の差を比べると、寒い地域の差が小さく、温暖な地域の差が大きくなります。図表15は、国交省の研究会が発表したグラフで、北海道で冬の死亡率がそれほど上昇せず、温暖な愛媛県や鹿児島県、静岡県、香川県、熊本県で、冬の死亡率が上昇しています。つまり、愛媛県や鹿児島県などでは、冬の寒さで亡くなる人が多いのです。

これは、冬の寒い地域で住宅内の温度差が全館暖房によって小さいのに対し、温暖な地域で温度差が大きいことを示しています。北海道などでは、多くの住宅が全館暖房のため、家じゅうどこでも暖かです。ところが、鹿児島などでは、居間は24℃でも、脱衣所やトイレは10℃だったりします。その温度差で発症してしまうわけです。

もちろん、温暖な地域でも全館暖房すればいいのですが、住宅の断熱性能が低いため、光熱費が大幅に増加してしまいます。断熱性能が低い住宅は、窓と壁から熱が逃げていきます。

これは、住宅の断熱性能について一切の規制をしてこなかった政策の問題と、健康な生活を送れる住宅性能を求めてこなかった市民の問題の二面あります。国交省によると、無断熱の住宅が約4割、国の基準に満たない断熱の住宅が約5割です。基準の断熱をしても、厚さ10cmの断熱材とアルミのペアガラス。ところが、ドイツの最低基準だと、厚さ30cmの断熱材と樹脂のトリプルガラス。これならば、全館暖房しても光熱費が家計を圧迫しません[13]。

健康で文化的な最低限度の生活を確保するため、市民が住宅の規制を求め、自ら高断熱の住宅を建てていかなければ、自分と家族を重大な健康リスクにさらし続けるのです。

13 住宅の断熱の割合は、国土交通省による2012年の推計で、次世代省エネ基準（国の1999年省エネ基準）5%、1992年基準19%、1980年基準37%、無断熱39%。松尾和也『ホントは安いエコハウス』日経BP、2017年、14頁。窓の断熱性能は、アルミサッシ・単板ガラスの熱貫流率（U値）6・51、アルミサッシ・ペアガラス4・65、ドイツの住宅用窓の最低規制1・3（2014年以降）となっている。日本の住宅の窓は、ほとんどがアルミ・単板か、アルミ・ペアのため、ドイツの規制に照らすと居住禁止となる。今泉太爾『エコハウスはなぜ儲かるのか?』いしずえ、2017年、68頁。政府は、閣議決定されていた2020年の新築住宅への断熱規制の導入を見送る内容の法案（建築物のエネルギー消費性能の向上に関する法律改正案）を2019年の通常国会に

④……不動産価値が目減りするわけ

待機児童と循環器系疾患の背景に共通するのは、土地利用と不動産の問題です。待機児童の発生は、都市の無計画な過密化によりますし、循環器系疾患の多さは、温熱環境を考慮しない住宅の普及によります。

これらの問題は、日本の政治と経済において、古くから常に重要な問題でした。江戸時代は、農地面積が食糧生産量を決めていました。明治から戦前は、農地を所有しない小作農の貧困が大きな課題で、海外侵略を正当化する背景の一つでした。戦後の高度成長期は、労働者として都市に流入する人々の住宅が不足し、オイルショック以降は、バブル経済を生み出しました。砂防ダムや埋立てなどの公共事業は、可住面積を増やすことも重要な役割でした[14]。

土地利用と不動産は、経済と生活の基礎であるにもかかわらず、その価値と利用は重視されてきませんでした。図表16は、住宅投資額の累積と住宅の総資産額を日米で比較したものです。アメリカは、人々が住宅の建設に投資した額よりも、建物としての住宅の評価額の方が上回っています。サブプライムローン危機やリーマンショックの時ですら、そうなのです。けれども、

提出し、成立させた。

14 「諸君は五反歩の土地をもって、息子を中学にやれるか、娘を女学校に通わせられるか。ダメだろう。（中略）日本は土地が狭くて人口が過剰である。このことを左翼は忘れている。だから、国内の土地所有制度を根本的に改革することでは改革はできない。ここでわれわれは、国内から外部へ眼を転換しなければならない。満蒙の沃野を見よ。（中略）他人のものを失敬するのは褒めたことではないけれども、生きるか死ぬかという時には背に腹はかえられないから、あの満蒙の沃野を頂戴しようではないか。」陸軍省から派遣された将校の石川県での「時局大講演会」における演説内容。加藤陽子『満州事変から日中戦争へ』岩波書店、2007年、6-7頁。

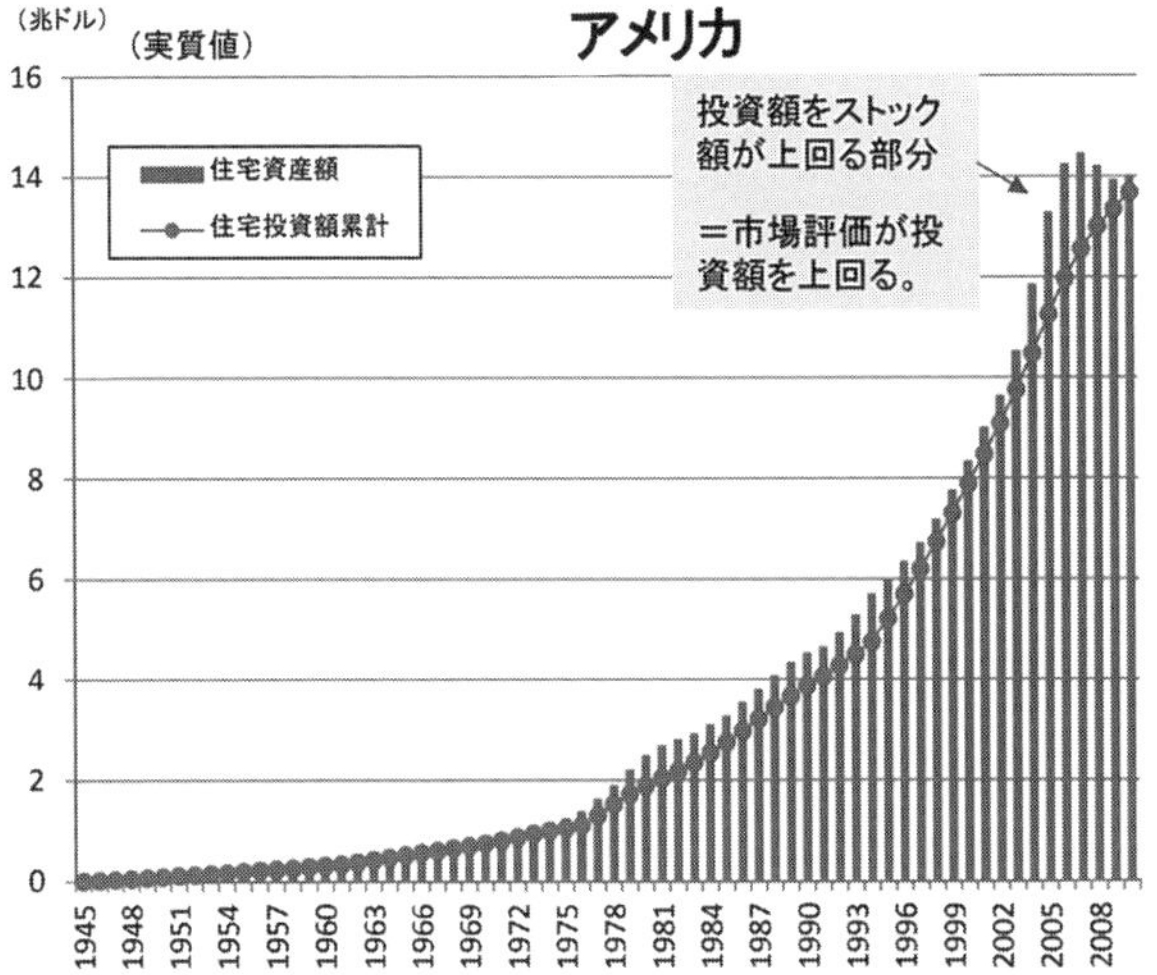

(資料)住宅資産額:「Financial Accounts of the United States」(米連邦準備理事会)
住宅投資額累計:「National Income and Product Accounts Tables」(米国商務省経済分析局)
※野村資本市場研究所の「我が国の本格的なリバース・モーゲージの普及に向けて」を参考に作成

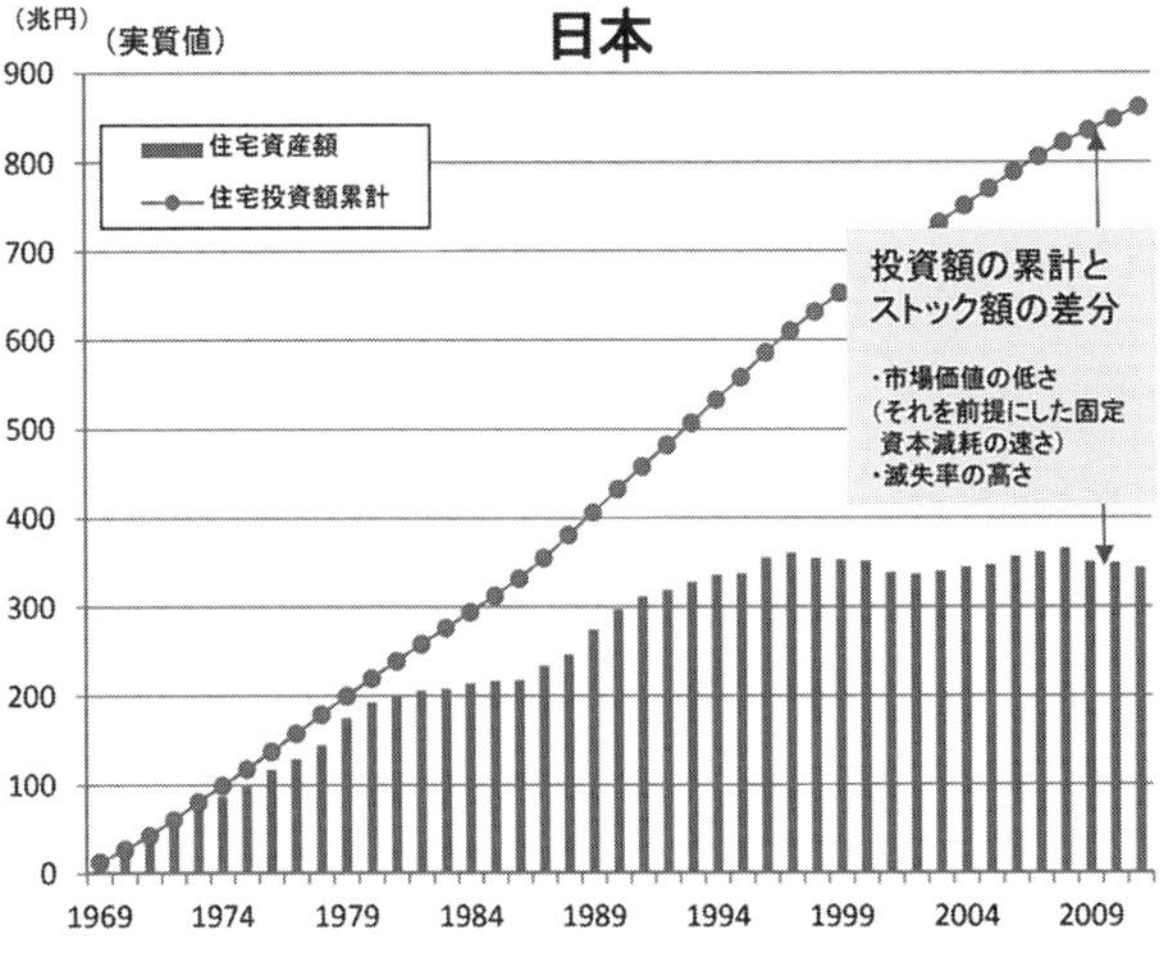

(資料)国民経済計算(内閣府)
※野村資本市場研究所の「我が国の本格的なリバース・モーゲージの普及に向けて」を参考に作成
※住宅資産額の2000年以前のデータは、平成17年基準をもとに推計

［図表16］日米の住宅投資額累計と住宅資産額

日本では総額で900兆円近い建築費を住宅にかけたのに、建物の時価総額は半分以下でしかありません。それだけ、個人と社会全体の両方で、資産価値が損なわれています。[15]

資産価値を高めるには、まず立地が重要になります。立地で決まる価値とは、利便性の高さと、周囲のインフラ稼働率の高さのことです。利便性とは、買物先や友人の家などへの移動距離が短く、狭い範囲で色々なところへ行き来できる可能性です。公共空間とインフラの稼働率とは、道路や水道、公共交通などを多くの人で共用して、安く利用できることです。ドイツでは、このようなまちを「ショートウェイシティ（移動距離の短いまち）」と呼びます。[16]

次に、造りとメンテナンスが重要になります。耐震性はもちろんのこと、わずかな光熱費で室内の温熱環境を快適に保ち、結露を防ぎ、用途変更をしやすい、数世代にわたって利用できる建物です。それには、適切な設計と丁寧な施工、定期的なメンテナンスが不可欠です。[17]

そして、住宅戸数と居住地面積の総量管理が重要になります。人口が減少し、世帯数が伸びないにもかかわらず、新築住宅が増えていけば、その分だけ空き家が増え、既存住宅の価値が減少していきます。住宅戸数と世帯数は、1968年にほぼ同数となり、1973年からは戸数が世帯数を上回り、そ

15 「これまで行われてきた住宅投資額の累積と住宅ストックの資産額を比較すると、米国では住宅投資額に見合う資産額が蓄積しているのに対し、日本では、投資額の累積を約500兆円下回る額のストックしか積み上がっていない。」国土交通省「中古住宅の流通促進・活用に関する研究会報告書参考資料」2013年6月、10頁。

16 ドイツにはコンパクトシティという概念がなく、日本のそれにもっとも近い概念としてこの言葉があるという。村上敦『ドイツのコンパクトシティはなぜ成功するのか』学芸出版社、2017年、75頁。

17 不動産専門家は、設計・工事・メンテナンスが適切であれば「木造住宅でも最低100年は持ちます」と指摘している。長嶋修『「空き家」が蝕む日本』ポプラ社、2014年、82頁。

の差が年々、大きくなっています。その結果、2013年には820万戸（13・5%）が空き家になっています。一方、2010年代になっても、毎年900万戸程度の新築住宅が供給されています。欧米は、政府で住宅の総量管理をしていますが、日本は行っていません。[18]

こうした資産価値を毀損する状況について、政府が容認・助長しているのは、経済への悪影響を恐れるためです。現在の経済構造では、住宅新築や土地開発が国内需要の大きな起点になっています。そのため、総量管理など資産価値の向上に舵を切れば、GDPや新築住宅着工件数などの重要経済指標に悪影響を与えると懸念されるのです。

背景には、経済政策において、お金の流通量の大きさ（フローの経済）**を重視し、資産を含めた豊かさ**（ストックの経済）**を軽視してきたことがあります。**資産価値が高まり、幸せが増進しても、それを売却し、新たな取引をしなければ、GDPなどの重要経済指標に反映されません。

経済成熟と人口減少であっても、豊かな資産を蓄積できていれば、富が安定的に生み出され、人々は安心して生活できます。つまり、フローからストックへの重点移行が必要なのです。

それには、政府の政策の転換と人々の投資行動の変化の両方が必要です。

18 住宅戸数と世帯数、空き家、新築着工件数については、国交省ホームページ（2019年9月14日閲覧）による。欧米の住宅管理の状況については、前掲『「空き家」が蝕む日本』60－63頁に基づく。住宅と居住地面積の総量管理の重要性については、野澤千絵『老いる家　崩れる街』講談社、2016年、203－205頁に基づく。

政府と企業、個人が、現状を所与とする部分最適の行動を取り続け、大きなリスクにはまっているからです。

⑤……再生可能エネルギーでトラブルが起きるわけ

２０１２年に再生可能エネルギーの固定価格買取制度が導入されてから、**再生可能エネルギーが急激に増加してきた一方、各地でトラブルが発生しています。**２０１８年６月の段階で、全国で68件のトラブル事例が確認されています。景観や生活環境、自然環境への影響、災害への懸念、合意形成の失敗が、それらトラブルを引き起こしています。[19]

トラブルの原因は、土地利用規制の緩さにあります。日本では、土地所有者の権利が強いため、法令の手続きさえ通れば、たいていの開発行為が自由にできます。かつてのリゾート開発やゴルフ場開発でも同様の問題が発生してきました。リゾートやゴルフ、再生可能エネルギーそれぞれの特有の問題もありますが、共通する問題は土地利用規制の緩さです。再生可能エネルギーを規制しても、土地利用規制を強化しなければ、別の開発問題におき替わるだけです。[20]

19　山下紀明「地域で太陽光発電を進めるために地域トラブル事例から学ぶ」『科学』２０１８年10月より。

20　前掲「地域で太陽光発電を進めるために地域トラブル事例から学ぶ」１０１７頁。

土地利用規制を緩くしてきたのは、経済成長と人口増加による開発の利益を優先してきたからです。山林や農地、原野を大金で売ったり、利益の出る土地にしたりできれば、地主は儲かり、不動産業者は儲かり、建設業者は儲かり、商業施設は儲かり、金融機関は儲かり、政府と自治体は税収を増やせるからです。緩い土地利用規制は、人口増加期の錬金術でした。

日本には、すべての土地を網羅する、総合的な土地利用の規制が存在しません。都市区域に指定されたエリアは都市計画法、農地に指定されたエリアは農地法、山林に指定されたエリアは森林法と、ここも部分最適になっていて、規制の漏れ（白地地区）が存在します。規制のあるエリアも、農地のように厳しい許認可が必要なエリア、都市のように用途と容量による大雑把な規制のエリア、山林のように書類の不備がなければ開発を許可しなければならないエリアと、規制の強弱はまちまちです。[21]

環境や社会への影響を事前に明らかにし、開発の可否を決定する手続（環境アセスメント）が導入されたのも、それほど昔のことではありません。環境庁は、大規模な開発に環境アセスを義務づける法律を70年代後半に制定しようとしましたが、通産省や建設省、経済界などの反対により失敗しました。環境アセス法が成立したのは、約20年後の1997年です。ただ、同法の前

21 都市計画の規制の「大雑把さ」については、五十嵐敬喜・小川明雄『都市計画』岩波書店、1993年を参照のこと。

に予定された開発事業は対象から外れ、海外先進事例よりも厳格性を欠く手続でした。それくらい、政府は開発の抑制にちゅうちょしてきたのです[22]。

政府のちゅうちょを受け、各地の自治体が環境アセス条例を制定するなど、独自の開発規制を導入してきましたが、法律と経済の壁によって不十分な状態です。合法的な開発事業について、自治体の条例であっても、中止させる仕組みをつくるのは、極めて困難です。また、規制には一般性を求められるため、同条件の開発行為すべてを規制することになり、同様の開発を目論む地主・開発者やその恩恵を期待する地域経済界から、反発されやすいのです。

しかし、これまで見てきたように、開発による経済成長を重視する政策が、資産価値を毀損し、富を安定的に生み出せない制約になっています。部分最適組織がそれぞれに経済のパイを大きくしようとした結果、経済のパイが大きくならず、誰も幸せにならない状況です。まさに「共有地の悲劇」です[23]。

経済成熟と人口減少の時代に、土地・建物の資産やその他の多面的な価値を重視するならば、適切なルールを設定し、全体最適を指向する必要があります。再生可能エネルギーのトラブルは、そのルールが存在しないことの表れなのです[24]。

その際の全体最適は、人々の参加による民主主義に基づいて判定すること

22 原科幸彦『環境アセスメントとは何か』岩波書店、２０１１年、62-70頁。

23 「共有地の悲劇」は１９６８年に『サイエンス』誌で発表された論文「コモンズの悲劇」(The Tragedy of the Commons)で知られる。原科幸彦によると、１８３３年の小冊子で紹介された例え話「牛飼いが大勢いてみなが同じ行動(牛をどんどん増やす)をとってゆくと」「牧草の再生産能力の限界を超えるところで、悲劇が生じる。牧草地が荒れ果ててしまう。コミュニティの誰もがアクセスできることが、この悲劇を生む」が元になっているという。前掲『環境アセスメントとは何か』16-17頁。

24 このことは、再生可能エネルギーの効果的なルールを地域でつくれないことを直ちに意味しない。例えば、長野県は、再生可能エネルギーの開発問題が生じた後、２０１５年10月に環境影

になります。開発による利益や影響を地域の人々で丁寧に議論し、可否を判定（合意形成）するのです。[25]

⑥……気候変動に伴う環境制約

政治の変革は必要でも、それだけでは解決できない、最大の問題は気候変動です。産業革命から、地中に固定化された温室効果ガスをエネルギー源などとして利用する炭素文明が、現代まで続いています。それが気候変動を引き起こし、世界の人々が安心して暮らすための前提を崩そうとしています。国際社会は、２０１５年12月のパリ協定によって、脱炭素文明への移行を合意しました。

異常気象の頻発とパリ協定は、化石エネルギーに依存する経済と生活からの脱却を、世界各国の政府と人々に求めています。日本のエネルギー状況を見ると、総使用量は２０００年代をピークに減少へ転じ、微減傾向にあります。２０１７年度の供給元の内訳は、石油39％、石炭25％、天然ガス23％、再生可能エネルギー11％（水力含む）です。使用側の内訳は、工場などの産業46％、オフィスなどの業務16％、自動車などの運輸23％、住宅などの家庭15

響評価条例を大幅改正し、問題の開発事案に条例を適用している。

25　原科幸彦は、開発者の社会に対する説明責任、意思決定過程の透明化、合理的な判断に資する科学性、公正な判断のための民主性にアセスメントの本質があり、住民参加と情報公開が極めて重要と指摘している。前掲『環境アセスメントとは何か』86－90頁及び98－１０３頁。

％です。これから数十年かけて、総使用量を削減しつつ、化石エネルギーの使用をゼロにするわけです。[26]

この環境制約は、経済成熟と人口減少と同様に、経済の前提条件の大きな変化になります。これまでは、経済成長とともにエネルギー需要が増えてきたことから、需要を制約せず、政府とエネルギー業界の二人三脚で、供給を積み増していく前提でした。それが、一定のエネルギー量のなかで、うまくやっていかなければならなくなったのです。

これは、製造業を含む重工業にとって、重大な問題です。工場などの産業とトラックなどの物流で、エネルギー使用量の約6割を占めているからです。経団連などの経済界は、自分たちのペースでエネルギー転換の投資をすることには賛成ですが、そのスピードを速め、規模を大きくする政策には反対しています。企業の収益を損なうからです。

ここでも、部分最適組織の問題が出現します。経済界にとって、効率化による化石エネルギーの削減は本来、望ましいことです。図表17のように、ＧＤＰに占める化石エネルギーの輸入額割合も、国際石油価格の変動に伴い、１９９０年代の１％台前半の安定傾向から、２０１０年代の２・２％～５・４％の乱高下となっています。ところが、省エネルギーや再生可能エネルギ

26 エネルギーのデータは、経済産業省『資源エネルギー白書』２０１９年度版より。

ーの積極的な導入は、生産システムの変更を伴い、短期的にはそれが生産コストに跳ね返り、製品の値上げと競争力の低下につながるため、受け入れがたいのです。とりわけ、化石エネルギー業界にとっては、存亡の危機にもなりかねません。

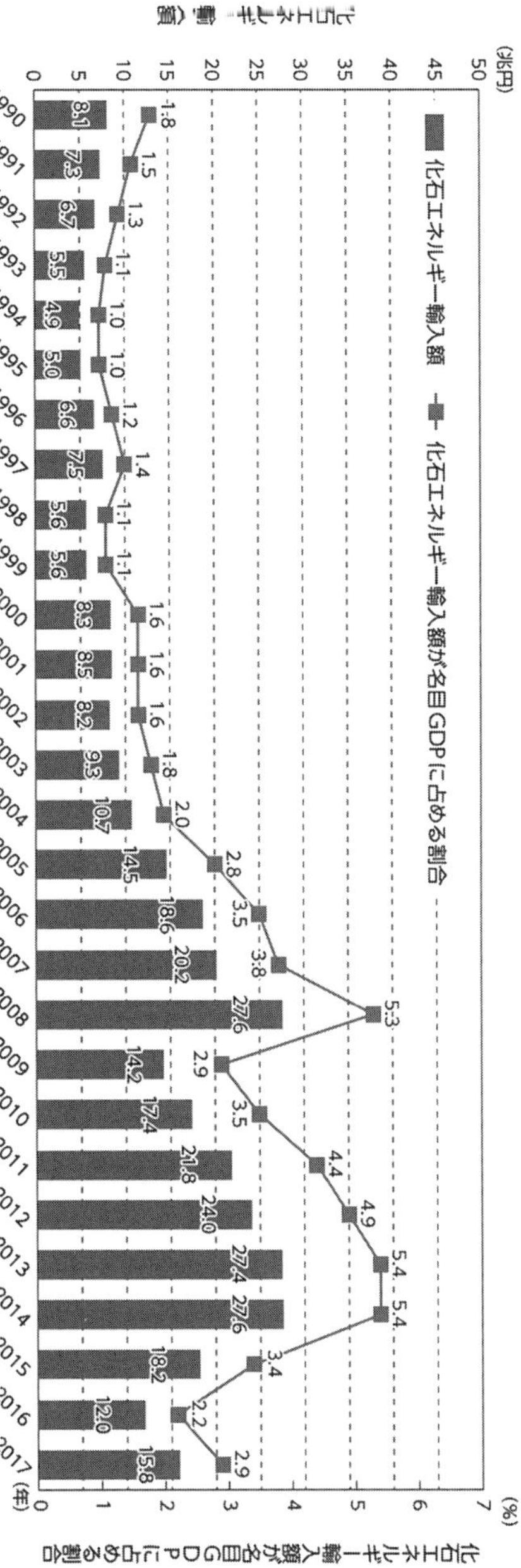

資料：財務省「貿易統計」、「概況品別推移表」、内閣府「平成23年基準支出側GDP系列簡易遡及」、「2017（平成29）年10－12月期四半期別GDP速報（2次速報値）」より環境省作成

［図表17］ 日本の化石エネルギー輸入額の推移

しかも、経済界を代表する経団連は、重工業や化石エネルギー業の大企業が中心です。気候変動の環境制約で、生産システムの大きな変更が迫られる企業の意見が重視される組織です。彼らの意見が、経済界を代表する意見であることが、脱炭素文明への転換を困難にしています。

そのため、かつて高度成長を主導した経済界がけん引役となり、社会を転換することも容易でありません。炭素文明で成功してしまったからこそ、脱炭素文明への転換が難しいのです。

しかし、政府は、後述のように市場を構築できても、新たな産業を創造することはできず、企業と人々の活動が転換に不可欠です。企業と人々が、脱炭素文明における新たなビジネスモデルを創造し、化石エネルギーを前提にした既存のビジネスを代えなければ、パリ協定は空証文になり、将来の激しい気候変動を防ぐことができません。

幸いなことに、再生可能エネルギーや情報通信、モビリティなど、脱炭素文明を担う主要な技術は、ほぼ実用化・商品化されています。これらは相互に関連し、例えば、再生可能エネルギーの変動を、電気自動車などモビリティの蓄電池で吸収し、インターネットなどのデジタル技術で最適化するビジネスが、欧州で生まれています。[27]

27 異なるセクターの課題を組み合わせ、同時に解決する手法は「セクターカップリング」と呼ばれる。具体的な姿を知りたい読者は「デンマークのスマートグリッド」動画（15分）をご覧いただきたい。デンマークの送電会社による動画で、ニールセン北村朋子と安田陽が日本語訳をつけている。

⑦……市場のデザインと運営

人々と企業の行動変化は、自らの意思による場合と、社会のルールによる場合があります。しばしば自らの意思で判断していると思っていることが、実は社会（あるいは属する組織）のルールに合わせて行動していて、ルールが変わると行動も変わることがあります。たばこ税の増税と喫煙場所の減少をきっかけに、禁煙を決意するというのは、典型でしょう。

近年、経済において、人々と企業の適切な行動とそれを促す制度が重要との知見が発展し、政府の新たな役割が注目されています。制度経済学や行動経済学という分野です。

従来の政府の役割は、①市場の失敗への対処、②景気変動の緩和の大きく2つでした。市場とは、価格の変化を通じて、需要と供給を均衡させ、財（製品やサービス）の効率的な配分を実現する仕組みです。ただ、飲み水のように人々の生存に不可欠の財を市場に任せると、低所得の人々が亡くなったり、一社だけの供給で値をつり上げたりします。そのように、市場に任せると「失敗」する場合、政府が市場に関与します。また、市場では多種多様な財が取引きされ、需給が常に変動しています。すると、しばしば需給のアンバランスが生じて、市場が過熱したり、冷え込んだりします。それが行き過ぎると、人々の生活（所得）に影響を及ぼしてしまうため、政府が関与してバランスを取ります。

政府の新たな役割は、これら二つに追加されるもので、市場で適切な結果が出るように意図して、市場をデザインし、運営することです。例えば、廃棄物の排出量を最小のコストで最小限化するには、廃棄物の全量引き取りを生産企業に義務づければいいと知られています。すると、企業は、廃棄物の処理コストがそのまま生産コストに加わるため、処理コストを最小化しようと努力します。その結果、製品の長寿命化、解体しやすいデザイン、再利用しやすい素材、有害物質の使用回避などを行い、廃棄物の排出量が最小化します。政府は、引取り義務を執行・改善し、廃棄物の適正処理を監督する役割を担います。[28]

これは、自由放任（規制緩和）とも、統制経済（規制強化）とも違います。人々や企業が自らの利益を最大化（部分最適）しようと行動する市場メカニズムを前提として、そうした行動の結果、全体最適となるように、ルールを再構築することです。

結果として、規制の緩和になりそうな分野は、規制企業や協同組合などで

28 廃棄物の処理費用を製品コストに上乗せする考え方を「拡大生産者責任」と呼ぶ。生産者が、製品の品質や安全な使用に責任を持つという「生産者責任」の概念を「拡大」し、使用後の廃棄にまで責任を持つという概念。大塚直『環境法第3版』有斐閣、2010年、502-504頁。

す。前者や企業別労働組合のように、戦前・戦中の国家総動員体制のなかで構築された社会システムで、現在に至るまで色濃く引き継がれているものは、再構築の結果として、緩和になるかもしれません。例えば、電力会社の発電・送電・小売の各部門が持株会社すら認めずに完全分離したり、後述のように様々な分野で自由に協同組合が設立できるようになったりすれば、規制緩和となるでしょう[29]。

結果として、規制の強化になりそうな分野は、働き方や環境の分野です。知識経済の進展によって、人々に求められる能力で、思考することが大きくなれば、労働規制の強化によって、社会全体の生産性を高めることになるでしょう。環境も、社会全体で負担していた対策コストを価格に含ませるようにすれば、社会全体の負担が減ります。これらは、強化となるでしょう[30]。

デザインされる市場のルールには、政府の法令だけでなく、業界団体や企業などの自主ルールや統一書式なども含みます。ルールづくりの担い手は、政府だけでないのです。アメリカでの規制緩和では、経営の透明化などのために、かえって政府・団体のルール総量が増えた一方、日本のそれでは、ルールが減少し、経営の不透明さが増してしまいました[31]。

デザインに際しては、外部不経済を小さくするよう、運営に際しては公正

29 戦前・戦中の国家総動員体制が現在の経済に及ぼす影響については、野口悠紀雄『１９４０年体制増補版』東洋経済新報社、２０１０年を参照されたい。企業別組合など、戦前から現在に至るまでの働き方と制度の推移については、小熊英二『日本社会のしくみ』講談社、２０１９年を参照されたい。

30 知識経済と働き方については、前掲「高度プロフェッショナル制度が日本経済を低迷させるこれだけの理由」を参照のこと。

31 日米の規制緩和の比較については、スティーヴン・K・ヴォーゲル『日本経済のマーケットデザイン』日本経済新聞出版社、２０１８年を参照のこと。

性と透明性を担保することが重要です。それによって、市場のデザインと政府の効率性が両立します[32]。

⑧……十分条件としての個人の行動：人々の参画と行動を必要とする社会

部分最適組織のせめぎあいが全体最適を生み出すとの考え方が、これまでの政治と経済のシステムでした。政治では、政党が様々な団体の利益を代表して競い合い、経済では、様々な企業が利益を求めて競い合うことで、社会が発展するとされてきました。けれども、地球や人々の限界を考慮しないシステムだったため、気候変動や少子化などの問題になっています。

一方、全体最適を優先させ、様々な組織を一元的に統制するシステムは、全体主義と社会主義の失敗に至りました。ナチス・ドイツや大日本帝国のように、全体主義は20世紀前半に膨張して破裂し、ソビエト連邦のように、社会主義は20世紀後半に自壊しました[33]。

したがって、人々や企業の自由な意思と行動を尊重しつつ、その弊害を防止し、結果として誰もが幸せに暮らせる政治と経済のシステムを、新たに構

32 外部不経済とは「ある経済主体の行動が市場を通さず、コストを支払わずに直接他の経済主体の効用や生産関数」に悪影響を及ぼすこと。典型的な外部不経済の例は、企業が大気汚染や水質汚染の対策を講じないまま、安価な製品を大量に製造・販売して利益を上げる一方、その利益を得ていない周辺住民が汚染によって健康被害を受ける「公害」がある。企業は、汚染のコストを支払わず、住民がそのコストを引き受けた構図になっている。前掲『現代政治学小辞典新版』51頁。アメリカのオバマ政権は、政府の規制を簡素で、効率的かつ効果的にするため、行政管理予算局情報・規制問題室長に、行動経済学に通じた法学者を任命し、政府の規制をレビューさせた。キャス・サンスティーン『シンプルな政府』NTT出版、2017年。

33 社会主義国の中華人民共和国も、

築する必要があります。そのシステムへ、現行のシステムと接続性を保ち、変化に伴う副作用を最小にしつつ、大胆かつ素早く移行していくのです。

そのために、政権交代が必要条件となることは、前章で述べたとおりです。自民党を中心とする政官財のシステムが、部分最適組織集合体モデルとして完成されてしまっているが故に、これまでのような内部変革（主流派閥の交代）による部分改良では、限界を超えられません。

加えて、一人ひとりが、自ら考え、行動を起こすことが重要になります。なぜならば、各組織の意思決定において、部分最適と全体最適のバランスが考慮されるようにするには、そこに属す誰かが、組織を変革しなければならないからです。地域、企業、職場、団体、学校、家族、サークルと、部分最適組織は無数にあり、それらの意思決定の変革が必要なのです。

組織の意思決定を変革する方向性は、民主主義の深化です。従来のように、組織内のエリート（幹部）に意思決定を任せるのでなく、そのプロセスを透明化し、全メンバーの対等な参加を保障し、論理的な対話を重ね、多数の理解を得て合意形成します。失敗したら謙虚に学び、同じ失敗を繰り返さないようにします。役職の上下と別に、メンバーを互いに尊重し、ハラスメントをしない、させない組織です。

80年代から経済の統制を徐々に緩和してきている。

企業を含む組織の民主化は、イノベーションを促進し、新たなビジネスモデルを生み出すことにつながります。富の源泉は、自然資源から知識や情報に移りつつあります。それは、一人ひとりのアタマの中にある、創意工夫の力が富を生み出すことを意味します。それを引き出すには、メンバーを尊重して気持ちよく仕事してもらい、その意思や考え方を組織運営に反映させなければなりません。イノベーションは、人々の意見の交換から生まれます[34]。

イノベーションを生み出すカギは、社会の多様性と共通課題の二つです。前者は、多くの老若男女、障がいのある人、外国籍の人、変わった経験を持つ人など、多様な人々が意見交換しやすい環境のことです。後者は、資金や知識、技術など様々な制約があるなかで、社会の課題を解決しようと取り組むことです。多様な人々が、制約を突破して共通課題を解決するため、知恵を持ち寄り、対話を重ねることで、これまでにない新たな解決法が創造されます[35]。

つまり、個人の行動が、新たな社会を切り拓く十分条件になっているのです。個人の創造的な発想と行動を可能にするのが、多様性を認め合う社会であり、民主主義の深化です。民主主義の深化により、それぞれの部分最適組織が変革されます。

34 企業には「A：技術・製品・サービス」「B：ビジネスモデル」「C：企業組織（成長分野への業態変更）」の3種のイノベーションがある。Aの源泉は、働く人々のアタマにあり、社員が、心身ともに健康な状態を保った上で、多様な価値観や知見を持つ人々と交流したり、一見すると仕事と無関係に思える様々な経験をしたりすることを通じて、これまでと異なる知見を結合させることによって生まれる。Bの源泉は、企業経営者と組織管理者の能力と挑戦力にあり、既存のビジネスモデルの課題を素早く、正確に把握・分析し、新たなビジネスモデルを考案して、実施することが求められる。Cの源泉は、株主と企業経営者の構想力と挑戦力にあり、衰退する産業・業態に見切りをつけ、企業の体力があるうちに新たな成長分野を発掘し、市場・時代のニーズに合わせて企業組織そのも

いくつかの地域では、その状況を意識的につくり、社会と経済の再生に結びつけています。代表的な例として、もっとも知られる都市の一つは、アメリカのポートランドです。ポートランドは、都市の開発や拡大を厳しく抑制することで、逆に起業の盛んな経済活力を生み出しています。[36]

⑨……歩く民主主義

ふつうの個人が、地域の課題を解決するために創意工夫し、新たなビジネスを生み出している例は、日本にもあります。いずれも、特別な支援を政治や行政、経済界から受けているわけでなく、厳しい制約のなかから、ビジネスモデルのイノベーションを起こしています。

第一の例は、古い空きビルをテナントで埋め尽くし、収益と賑わいを取り戻す「家守会社」です。古い建物を補助金などで改装し、テナントに出店してもらうことは、各地の自治体で行われていますが、しばしばテナントが埋まらなかったり、改装費を回収できなかったりと、必ずしもうまくいっていません。それに対し、補助金を使わず、確実に投資を回収し、収益と賑わいをもたらすのが「家守会社」です。フロアを小分けにし、改修前に小口のテ

のを適応させることが求められる。前掲「高度プロフェッショナル制度が日本経済を低迷させるこれだけの理由」より。

35 イノベーション教育（デザイン思考教育）に取り組むスタンフォード大学工学部長ジム・プラマーは、イノベーションとビジネスについて、次のように語っている。「答えがない問題に取り組んでいく教育が、イノベーションには欠かせません」「課題そのものを見つけるところから始めてビジネスにつなげる」「たとえば電気もない途上国で、未熟児の命を救うための保育器をどう整備するか。この課題を根本的に洗い直した結果、本質は赤ちゃんの体温を保つことであり、必要なのは、電気を使わずにいかに体温を守るか、だとわかりました。発熱素材を使った20ドルほどの寝袋を開発したところ、保育器を整備するよりはるかに安く、世界的なヒット

ナント（個人事業主や個人のアトリエ使用など）を集め、数年分の家賃収入を確実にした上で、それを担保に金融機関から融資を受け、改修投資をします[37]。**このビジネスは、他地域で行われても競合しないため、創始者たちは積極的に知見を広げています。**創始者は北九州で始めた後、各地で「リノベーションスクール」を開催し、実際に取り組む覚悟のある人を集めて合宿形式でノウハウを伝えています。

第二の例は、住民出資で再生可能エネルギー発電事業を営む「地域エネルギー会社」です。パイオニアは、長野県飯田市の「おひさま進歩エネルギー株式会社」です。固定価格買取制度の導入以前に、全国の市民から出資を受け、飯田市の施設に太陽光発電システムを設置して、飯田市に売電しました。飯田市は、それを長期の固定価格で購入し、事業化を支援しました。現在は、固定価格買取制度を利用して、各地に「地域エネルギー会社」が生まれています[38]。

このビジネスは、再生可能エネルギー事業の利益を地域で最大化することを狙いとしています。再生可能エネルギー事業の特徴は、雇用をそれほど生まない一方、事業所得の大きいことです。そこで、事業リスクを地域で引き受け、出資、経営、融資を地域で行うことが、地域での利益最大化となりま

製品になりました」「学生や先生たちが分野を超えてチームを組み、課題について議論し、実際にプロトタイプ（原型）を作ってさらに議論して、解決策を見つけます」。『朝日新聞』2013年8月6日朝刊。

36 これは、前述の「ショートウェイシティ」に共通する考え方である。なお、ポートランドについては、山崎満広『ポートランド』学芸出版社、2016年を参照のこと。他にも、アメリカ・デトロイトやイタリア・トリノなどでも、都市中心部の空間と人間関係の「空き」を活かす「縮小都市」によって、地域経済の再生が進んでいる。矢作弘『縮小都市の挑戦』岩波書店、2014年。開発抑制が逆に地域の価値を高めうることについては、大野輝之・レイコ・ハベ・エバンス『都市開発を考える』岩波書店、1992年を参照のこと。

37 詳しくは、創始者の嶋田洋平の

す。こうした手法を「地域主導型」と呼び、再生可能エネルギー先進国ドイツでは、設備の約1割がこの手法で所有され、個人所有なども含めると約5割が市民所有です[39]。

第三の例は、高齢者などの買い物難民を救う「移動スーパーとくし丸」です。自動車や公共交通の利用が不便で、近隣にスーパーなどの生鮮食料品の店のない買い物難民（食料品アクセス困難者・買い物弱者）は、全国に820万人いると推計されています。これまでも、移動スーパーやタクシー代補助などの対策が、各地の自治体で行われていましたが、採算性などの問題があり、長続きしませんでした。それを解決したのが、とくし丸

［図表18］移動スーパー・とくし丸

著書『ぼくらのリノベーションまちづくり』日経BP、2015年と、ともに取り組んでいる木下斉の『凡人のための地域再生入門』ダイヤモンド社、2018年を参照のこと。事業の背景にあるのは「公民連携」という考え方である。清水義次・岡崎正信・泉英明・馬場正尊『民間主導・行政支援の公民連携の教科書』日経BP、2019年。

38 例えば、次のような地域エネルギー会社（一般社団法人やNPO法人を含む）が存在する。北海道グリーンファンド（北海道）、会津電力（福島県）、千葉エコ・エネルギー（千葉県）、ほうとくエネルギー（神奈川県）、おらってにいがた市民エネルギー協議会（新潟県）、上田市民エネルギー（長野県）、しずおか未来エネルギー（静岡県）、宝塚すみれ発電（兵庫県）、徳島地域エネルギー（徳島県）など。

39 国内の再生可能エネルギー事業

です。[40]

このビジネスは、住宅地図を片手に一軒一軒歩き、客のいるところだけを回ることで、補助金ゼロで収益性を確保しています。二人の創始者は当初、効率的な客の見つけ方を探りましたが、結局は訪ね歩くことにしました。創始者は二人とも、吉野川可動堰をめぐる住民投票の運動経験があり、戸別訪問をしていたからです。そして、地元資本のスーパーから商品を借りることで、在庫ロスのリスクもなくしました。今や、これが全国に広がるとともに、発祥地の徳島県では、人口の99％を販売網で覆い、問題を実質的に解決してしまいました。[41]

各例に共通するのは、無名の個人が地域の問題と真正面から向き合い、現場を歩くことで、新たな解決方法をビジネスとして創出したことです。補助金や寄付金頼みでは、切られたとたん、事業も終わってしまいます。ビジネスにすることで、解決を持続可能にしているのです。

解決困難な社会問題で、現場から持続可能な解決手法を創出することは「歩く民主主義」といえます。個人が現場を歩き、人々と協力し合いながら、問題を解決するからです。[42]

で、出資や経営などの設備所有のあり方や地域金融機関の融資が、地域への付加価値に大きな違いを生むことは、学術的な分析で明らかになっている。諸富徹『入門　地域付加価値創造分析』日本評論社、２０１９年。

２０１２年のドイツの再生可能エネルギー設備のうち、個人所有25％（18・3ＧＷ）、エネルギー協同組合（日本の地域エネルギー会社に相当）９・２％（６・７ＧＷ）、少数株主としての市民参加11・６％（８・４ＧＷ）で、これら市民所有の設備が46・６％（33・５ＧＷ）であった。自然エネルギー財団・アゴラエナギーヴェンデ「ドイツのエネルギー転換10のＱ＆Ａ」２０１７年。

40 農林水産省農林水産政策研究所による２０１５年の推計に基づく。農林水産政策研究所ホームページ（２０１９年９月15日閲覧）より。

⑩……あらゆる現場での自立した個人による変革

現在の日本社会は人類史的な転換期にあり、それが経済や社会の行き詰まり感を生んでいます。戦後の高度成長は、オイルショックで低成長に変化し、高度成長の再現はバブル経済で崩壊し、あらゆる手を尽くしても、低成長のままです。経済で無理を重ねたことは、少子化や格差、地方の衰退として人々にしわ寄せされ、急激な人口減少を余儀なくされました。その人口減少は、有史以来の出来事になります。

もはや、様々な組織の部分最適を満たすことはできなくなりましたが、政官財のトップが部分最適で動いているため、自力で転換できない状況に陥っています。とりわけ、自民党と経団連は、部分最適組織の総本山であるため、転換が自己矛盾になってしまいます。そして、政官財が、経済成長と自らの部分最適を強引に追求するあまり、矛盾をさらに拡大しています。

さらに、日本の得意としてきた産業分野が、技術と環境の変化から掘り崩されようとしています。インターネットなどの情報通信技術の分野は、これまでの垂直統合の集権型産業に馴染まず、パソコンや半導体製造で優位だったにもかかわらず、後れを取っています。また、産業革命から始まった化石

41 詳しくは、二人の創始者の書いた本を参照のこと。住友達也『移動スーパーとくし丸のキセキ』西日本出版社、2018年。村上稔『買い物難民を救え！ 移動スーパーとくし丸の挑戦』緑風出版、2014年。徳島県のカバー率は、2019年に村上から筆者が聞いた話に基づく。なお、地域エネルギー会社の徳島地域エネルギーも、住民投票を担った住民が創業した。

42 「歩く民主主義」の言葉を考案したのは、とくし丸創始者の村上である。村上稔『歩く民主主義』緑風出版、2018年。同書には、村上と筆者との対談も収録されている。

エネルギーの炭素文明が終わり、環境と資源の制約から脱炭素文明へ転換することになりました。これも、日本の得意としてきた重工業に制約となり、再生可能エネルギーなど水平分散のネットワーク型産業への転換で後れを取っています。

この苦い現実を真正面から直視し、それに適応する社会への転換をすることが急務です。この視点を持たず、それぞれの問題に対処するのは、もぐら叩きゲームと同じです。

その役割の担い手は、望むと望まざるとにかかわらず、現在の野党しかいません。正確にいえば、自民党に代わって政権交代を担う勢力です。その勢力が、どのようなイデオロギーであっても、この認識を持たずに政権交代すれば、社会の矛盾が拡大するでしょう。保守や革新、リベラルなどの「立ち位置」は関係ありません。実際、同様の認識を強く抱いた祖は、自民党の大平正芳と大蔵省の下村治でした。

しかも、政権交代は必要条件に過ぎず、自立した個人による行動が、苦い現実に適応するための十分条件になります。部分最適のせめぎ合いによる経済・社会システムが行き詰まっていても、歴史的に失敗した統制経済・社会を選択するわけにもいかないからです。日本にある無数の組織で、部分最適と全体最適のバランスを自主的に講じていくことが必要になります。それを担うのが、無数の自立した個人になります。

あらゆる現場での自立した個人による変革は、新たな社会への展望を切り拓くことにもなります。情報通信や再生可能エネルギー、モビリティなど、水平分散のネットワーク型産業が次代の基幹産業になると考えられているからです。また、社会の共通課題を解決するため、多様な考えの人々が対話し、協力することで、イノベーションが生まれ、新たなビジネスにつながります。そこでの政府の新たな役割は、社会や環境の負荷を最小限にするよう、市場のルールを適切に構築し、公正に運営することです。

これは、経済の発展と民主主義の発展が、分かちがたくリンクする時代に突入していることを意味します。全体のために一部や外部を犠牲にするのでなく、自立した個人や企業による自由な活動が、自ずと全体最適に調和していく社会です。

日本は、既にそうした社会と合致する国家方針、すなわち日本国憲法を有しています。欠けているのは、それを具体化する構想と、認識と構想を共有する人々のネットワークです。そこで、次の最終章では、転換に必要な政策を考察します。

◉第四章参考文献

五十嵐敬喜・小川明雄『都市計画』岩波書店、1993年
今泉太爾『エコハウスはなぜ儲かるのか』いしずえ、2017年
枝廣淳子『地元経済を創りなおす』岩波書店、2018年
大塚直『環境法 第3版』有斐閣、2010年
大野輝之・レイコ・ハベ・エバンス『都市開発を考える』岩波書店、1992年
小熊英二『日本社会のしくみ』講談社、2019年
おひさま進歩エネルギー株式会社『みんなの力で自然エネルギーを』同社、2012年
加藤陽子『満州事変から日中戦争へ』岩波書店、2007年
金子勝『市場と制度の政治経済学』東京大学出版会、1997年
木下斉『地方創生大全』東洋経済新報社、2016年
木下斉『凡人のための地域再生入門』ダイヤモンド社、2018年
坂井豊貴『マーケットデザイン』筑摩書房、2013年
嶋田洋平『ぼくらのリノベーションまちづくり』日経BP、2015年
清水義次・岡崎正信・泉英明・馬場正尊『民間主導・行政支援の公民連携の教科書』日経BP、2019年
住友達也『移動スーパーとくし丸のキセキ』西日本出版社、2018年
高橋真樹『ご当地電力はじめました!』岩波書店、2015年
田村明『まちづくりと景観』岩波書店、2005年
長嶋修『「空き家」が蝕む日本』ポプラ社、2014年
野口悠紀雄『1940年体制 増補版』東洋経済新報社、2010年

野澤千絵『老いる家　崩れる街』講談社、２０１６年
原科幸彦『環境アセスメントとは何か』岩波書店、２０１１年
松尾和也『ホントは安いエコハウス』日経ＢＰ、２０１７年
宮川努『生産性とは何か』筑摩書房、２０１８年
村上敦『フライブルクのまちづくり』学芸出版社、２００７年
村上敦『キロワットアワー・イズ・マネー』いしずえ、２０１２年
村上敦『ドイツのコンパクトシティはなぜ成功するのか』学芸出版社、２０１７年
村上稔『買い物難民を救え！　移動スーパーとくし丸の挑戦』緑風出版、２０１４年
村上稔『歩く民主主義』緑風出版、２０１８年
諸富徹『「エネルギー自治」で地域再生』岩波書店、２０１５年
諸富徹『入門　地域付加価値創造分析』日本評論社、２０１９年
矢作弘『縮小都市の挑戦』岩波書店、２０１４年
山崎満広『ポートランド』学芸出版社、２０１６年
山崎満広『ポートランド・メイカーズ』学芸出版社、２０１７年
キャス・サンスティーン『シンプルな政府』ＮＴＴ出版、２０１７年
ギャビン・ニューサム『未来政府』東洋経済新報社、２０１６年
スティーヴン・Ｋ・ヴォーゲル『日本経済のマーケットデザイン』日本経済新聞出版社、２０１８年
ベルナール・シャバンス『入門制度経済学』ナカニシヤ出版、２００７年

論争コラム……4

住宅の集約化をどうするか？

歩いて暮らせる地域にするため、人口減少社会で人口密度を維持・高めようとすれば、住宅が集約化されます。一般的にはコンパクトシティと呼ばれ、本書ではショートウェイシティ（移動距離の短いまち）と呼んでいます。

これに対し、地域コミュニティの専門家などから、批判の声が上がっています。人口密度の薄い農山村を見捨て、人々の関係を切り刻んでしまう、ハコモノ公共事業の根拠に過ぎない、既に失敗している、過密を助長するだけとのもっともな批判があります。

それでも、批判を考慮しつつ、集約化を進めることが必要です。現状のまま人口減少が進めば、虫食い状態で空き家や空き店舗が増えることが、確実だからです。それは、高齢者などの生活基盤を悪化させ、地域の個人商店などの存立をますます困難にし、友人たちで気軽に会うこともままなりません。現状維持も、コミュニティが失われる道なのです。

まず、都市計画法など土地利用規制の不備と緩さを改善する必要があります。現行の土地利用規制は、都市と農山村で縦割りになっていて、規制のない白地地区もあります。自治体単位で統一された都市計画・土地利用規制としなければなりません。また、都市計画法は、容積率や大雑把な用途を定めるだけで、人口密度や建物の用途、位置を定めていません。ドイツでは、それらも細かく設定し、議会で議決することになっています。

次に、自治体が自動車の乗り入れ規制や商業施設の立地規制をできるよう、権限を付与する必要があります。ドイツ・フライブルクでは、日用品を売る店は、自動車乗り入れ規制のある市街中心部か、大通りに面した場所にしか、原則として出店できません。日本の地方都市で当たり前の巨大ショッピングモールは、立地できません。そのため、個人商店の収益が確保され、多様な店が並んでいます。

第三に、既存の市街地で住宅と店舗・オフィスの混在を進める一方、住宅の総量コントロールで新築住宅を抑制します。混在とは、建物の低層階を店舗・オフィスとし、中層階を住宅とする状態です。高層ビル・マンションの必要はありません。住宅の総量コントロールで、市街地が無秩序に広がることも防がなければなりません。

第四に、農山村を都市に集約するのでなく、集落の中心部に集約することです。50世帯集落を例に考えてみましょう。広範囲に散らばっていれば、どこへ行くにもクルマが当たり前となり、商店も公共交通も維持できません。けれども、50世帯が半径300mに集まっていれば、歩く範囲に商店も停留所も存在し、それらが利用される確率が高まります。

第五に、数十年の長い年月をかけて、無理なく行うことが必要です。どんな人にも、ライフステージ（進学・就職、結婚・出産、転職・退職、離別など）の変化があります。そうした住まいを変更する理由が発生したとき、集落の中心部などへ移ってもらうのです。それには長い年月がかかるため、早くから長期的な都市計画を明確にする必要があります。

これに取り組んでいるのが、富山市です。市長が全集落でひざ詰めの対話をして、公共交通中心の都市計画を進めています。試行錯誤しつつですが、国内外から注目されています。

第五章

どのようにして低成長と人口減少に適応するのか？

①……カギは経済政策の転換

戦後の日本は、強力に「富国」路線一辺倒を進めてきたため、あらゆる社会問題が経済と強固に結びついています。人々の婚姻・出産の希望が満たせずに、少子化になっているのは、働き方や所得（企業の働かせ方と支払う賃金）が原因です（第一章）。経済の総力戦でも経済成長を再現できないのは、経済の前提条件が真逆に変わってしまったからです（第二章）。低成長と人口減少という苦い現実を直視できず、経済成長を再現しようと人々にしわ寄せするのは、日本が部分最適組織の集合体だからです（第三章）。部分最適組織の集合体であることは、政治を変えることに加え、一人ひとりの個人が行動を変え、自らの属する組織を変革する必要性を意味します（第四章）。自民党などの政官財を頂点とする「富国」路線が成功し、体制が確立した故に、時代（前提条件）の変化に対応できず、社会の傷を深めているのです。

そのため、この路線を担ってこなかった政治勢力に政権交代し、経済政策を転換することが急務となっています。非自民の政治勢力が、誰であっても、どのような政治思想であっても、この課題から逃れることはできません。あらゆる社会問題が、経済と結びついている以上、経済政策を転換しなければ、それらの問題の真因を解決することにならないからです。少なくとも、次の政権については、保守、革新、リベラルなどの政治思想は関係ないのです。苦い現実を直視して「やるべきことをちゃんとやる」ことが求められます。[1]

新たな路線は、経済成熟と人口減少に適応しつつ、経済と社会の活力を持続させることです。加えて、気候変動という環境制約にも対応しなければなりません。制約だらけの苦い現実のなかで、前例のない社会を構想し、創造することです。少なくとも、高成長と人口増加を目指す「景気さえ良ければ」という、これまでの経済政策と決別しなければなりません。[2]

この新路線は、人類史的な転換点にあるとの認識に立つため、前例のない社会の創造を意味します。産業革命からずっと発展を続けてきた、化石エネルギーを基盤とする垂直統合の集権型社会から、インターネットや再生可能エネルギーなど、分散型技術を基盤とする水平分散のネットワーク型社会への転換です。前者で成功を収めた日本では、自ずと後者に移行することはなく、政策で移行を促し、転換に伴う痛みを緩和する必要があります。

新しい経済政策では、分散型技術がカギになるため、個人の力を引き出し、あらゆる場面での意思決定に参画することが重要になります。経済の発展と民主主義の深化で、相乗効果が起きるのです。人権の観点に加え、経済の観

1 企業再生を手がける稲田将人は「不振状態に陥った企業の問題を一言で言ってしまえば、まずは基本が徹底できる状態でなくなっているということ」「何よりも組織を動かすためのＰＤＣＡの作法が正しく機能しているのか」と指摘している。ＰＤＣＡとは「企画→実施→検証→考え方や方法論の修正」のこと。筆者の経験からしても、適切な政策を企画・実行できない行政機関は、同じ問題に陥っている。稲田将人『戦略参謀』日本経済新聞出版社、２０１７年、３６０頁。

2 １９９０年代以降の中長期の情勢をどう見るかによって、経済政策の軸は大きく二つに分かれる。一つは、日本が１９９０年代以降の景気変動の波の中にいると捉える見方。もう一つは、景気変動ではなく、中長期の時代変化の中にいると捉える見方である。筆者の見方は後者。田

点でも、民主主義の深化が必要になっています。

活力ある経済を持続させる源泉は、社会の改良です。社会問題の解決に投資することで、収益を得る経済です。これは、国際連合の「持続可能な開発目標（ＳＤＧｓ）」と同じです。「誰一人取り残さない」ことが、経済活力の源泉になることは、国際社会の共通認識です。[3]

これは、日本国憲法の考え方と重なります。憲法の国家観は「豊かな生活を送る個人が集まることで、いい国をつくる」（個人主義・民主主義・立憲主義）です。憲法の国民観は「公助が備わることで、共助が機能し、自助できる」（積極的自由・社会権）です。憲法の平和主義がＳＤＧｓと共通することは、言わずもがなでしょう。

つまり、時代が求めているのは、憲法を具現化する経済政策なのです。歴史を振り返れば、吉田茂や石橋湛山、池田勇人は、現実の厳しい制約のなか、憲法に則った経済政策を展開してきました。大平正芳は、前提条件の変化にいち早く気づきましたが、志半ばで倒れました。けれども、その後の政治家たちは、苦い現実を直視せず、過去の成功体験を繰り返そうとしてきました。負の連鎖を断ち切り、現実と憲法を整合させる経済政策と政治家が求められています。

中信一郎「経済政策の軸はどこに？」『情報労連リポート』２０１９年5月。

3 ＳＤＧｓとは、２０１５年9月の「国連持続可能な開発サミット」で採択された２０３０年に向けての「持続可能な開発目標」のことで、先進国・途上国関係なくすべての国を対象とする。基本理念は「誰一人取り残さない（No one will be left behind）」で、17分野での目標を掲げている。国連広報センターホームページ（２０１９年９月16日閲覧）より。

②……野党が準備すべきこと

与党・自民党に代わる政治勢力は、既存の野党しか存在しないため、野党が経済政策を転換するしかありません。野党の役割は、政権のチェックと政権交代の準備ですから、議会政治の論理からしても妥当です。既存の野党でなく、ゼロからの新たな本格野党の出現を期待する向きもありますが、1990年代前半の新党ブームから約30年たっての現状です。もはや、既存の野党（野党ブロック）が、人々の支持を獲得して、転換するしかないのです。[4]

政権交代に向け、野党がなすべきことの第一は、選挙協力に加え、国会対応の共同化による信頼関係の構築です。とりわけ、情報を共同して得ることが重要です。野党間の対応の違いについても、相互理解できるからです。現在、野党は重要問題について、野党合同ヒアリングを開催しています。これは、国会の委員会が開催されないことの代替として始まりました。この合同ヒアリングについて、予算編成の途中経過や法案などについても拡大するのです。政府からすれば、各党別々に説明するよりも、野党ブロック1回で済みますし、各党の議員からしても、様々な観点での質疑応答を聞けます。ネット中継すれば、情報公開にもなります。賛否や意見などの各党対応は、別

4　かつての政党分立状態と異なり、2019年参院選では、与党ブロック（自民党・公明党）、野党ブロック（立憲民主党・国民民主党・共産党など）、中間ブロック（維新）に大きく分かれた。中間ブロックは主要問題で閣外協力的な行動を取るため、実質的に二大政党ブロック制と呼んで、差し支えないと考えられる。

途、各党議員で議論すれば、各党の自主性も保てます。[5]

第二は、政権の方針とプログラムの作成です。まずは、経済や社会に対する認識を共有し、それを基盤に、連立政権の方針（性格）を合意します。例えば、細川政権は「政治改革特命政権」として、特定目標の実現を大方針とした政権でした。方針を合意した次には、主要な政策の実行手順、すなわち政権プログラムを合意しておく必要があります。社会は既存のシステムに則って動いていますので、どれだけ良い政策であっても、その手順や合意形成、タイミングを間違うと、社会を混乱させます。例えば、民主党政権での公共事業見直しは、それらを間違えたため、現場を混乱させ、八ッ場ダムの復活に至りました。人々の期待が高いからとして、性急に進めて足もとをすくわれた典型的な例です。[6]

第三は、枢要な人材の精査とピックアップです。政権交代とは、与党と野党が入れ替わるだけでなく、政策決定に関与する様々な人材が、異なる考え方の人材に入れ替わることです。ですから、大臣や副大臣などに目される議員は予め入念に準備し、困難な任務を補佐する優秀な官僚に目星をつけ、日銀の審議委員や経済財政諮問会議の民間議員など、政策形成の要となる有識者を吟味しておく必要があります。人事は、政権への期待喪失と直結するた

5 田中信一郎「野党は国会を見据えて行動を。」ハーバービジネスオンライン、2018年11月3日。

6 八ッ場ダムをめぐる政権の動きについては、関良基・まさのあつこ・梶原健嗣『社会的共通資本としての水』花伝社、2015年、202－208頁を参照のこと。

め、大胆さと慎重さの両方を要します。

その点、民主党政権では、すべて泥縄でした。組閣するまで、誰が大臣になるか分からず、決まった大臣が副大臣や政務官をリクルートしていました。国家戦略室や行政刷新会議事務局の人事も同様で、集められたスタッフに考え方の共通性はありませんでした。審議会などの有識者は、自民党政権で政策形成に深く関与してきた有識者が、引き続き強い発言力を有していました。幹部官僚の人事には、ほとんど手をつけず、面従腹背も珍しくありませんでした。そして、政権に反抗する与党議員が足を引っ張り、自滅に至りました。[7]

第四は、上記の一から三に基づき、各議員が野党のときから役割を全うすることです。国会での質疑や人々との対話、街頭演説に至るまで、野党ブロックでの共通性と、それぞれの役割に則った一貫性が必要です。そのためには、利己的な野心を自重し、政策を深く学び、論理的な質疑と説明の能力を高め、批判的な人を含めて合意形成でき、質の高い人的ネットワークを形成しなければなりません。つまり、野党議員としての活動が、そのまま政権運営のトレーニングになるよう、すべての野党議員は、熟慮して、果敢に動かなければなりません。

7 筆者が、内閣府行政刷新会議事務局で2009年11月初旬に勤務を始めたとき、隣の内閣官房国家戦略室には、二人の民間出身スタッフがいただけだった。

③……政策転換の条件整備とアベノミクスの総括

政権交代すれば、政権もメディアも人々も、大々的な成果をすぐに求めがちですが、そこを堪えなければなりません。なぜならば、現在の政府は、自民党によって部分最適組織の利益を総合化するようにカスタマイズされているため、それと異なる指示を実行しにくいのです。あるいは、強引に実行しようとすれば、誤作動してしまいます。

最初に行うべきは、内閣・行政と国会が適切に動くよう、条件を整えることです。民主党政権は、これを政治主導と国家戦略室という「ブラックボックス」に委ね、失敗しました。次こそは、入念に準備し、不具合があればすぐに改善すべきです。

条件整備の第一は、内閣で方針を実質的に検討し、考え方を共有する仕組みづくりです。自民党政権では、たいていの問題について、官僚がお膳立てするのを待っていればいいのですが、それと同じ仕組みでは、部分最適の政策決定を改められません。

民主党政権の閣僚委員会は、悪くないアイデアでしたが、仕組みとして十分に整えられていなかったため、形骸化しました。閣僚委員会を機能させるためには、内閣としての運営ルール、議事録や資料を作成する事務局機能、高度な政策論議のできるメンバー指定を必要とします。特に、政官・役職の垣根なく、出席者の自由な議論が重要になります。[8]

第二は、意思決定のラインをシンプルにすることです。民主党政権では、大臣・副大臣・政務官の政務三役がそれぞれ上下の関係で、さらに事務次官等の官僚機構の上に君臨していました。これでは、何段階もの決定を経なければなりません。そうでなく、副大臣・政務官・事務次官・次官級審議官は、横並びの「副大臣」として役割を分担させるのが、シンプルで合理的です。ついでに、それぞれの個室を廃止し、正副大臣室として大部屋にするのも合理的です。マネジメントでもっとも課題となる、トップ間の意思疎通がスムーズになるからです。[9]

これに合わせ、政治的な人事や内閣人事局の範囲を、正副大臣、長官、大臣補佐官、顧問・参与、審議会等の委員とし、現行の局長や審議官を対象から外すのが適当です。局長以下の官僚たちに、公務員としての職業的良心に基づいて気兼ねなく仕事をしてもらい、不都合な情報や耳に痛い意見を大臣たちに伝えてもらわなければ、重要な判断を誤りかねないからです。

第三は、与党事前審査の廃止です。自民党の力の源泉は、部分最適の奥の

8 閣僚委員会はイギリスをモデルとしている。イギリスでは「閣議は通常、週一回しか開催されない。議事の大部分は、100以上にのぼる常設または臨時の大臣委員会のネットワークを通じて処理される。大臣委員会には、閣外相が招かれて出席することもあり、文官が出席することもある」「内閣と大臣委員会の庶務は、小規模ではあるが精力的に働く内閣官房が行ない、議事録の作成、書類の配布等を行う」。川勝平太・三好陽『イギリスの政治』早稲田大学出版部、1999年、85－86頁。イギリスの「閣外相」は日本の副大臣に相当する。

9 副大臣（Vice Minister）相当の役職は、外局の長官や大臣補佐官などを除いても、意外と多い。内閣府9人（官房副長官を除く）、総務省9人、法務省3人、外務省8人、財務省6人、文部科学省7人、厚生労働省7人、農林

院とでもいえる、部会等です。閣議決定前に党議決定するという事前審査の慣例を背景に、政策決定に対して非公式な影響力を行使してきました。民主党政権では当初、政策調査会と事前審査を廃止しましたが、政府の役職に就けなかった与党議員の不満が高じて、両方とも復活しました[10]。

事前審査に代わり、衆参合同での予備審査を国会の委員会で行い、政府提出の議案については、国会審議を通じて所要の修正を与党主導で行うのです。予備審査は、検討段階の予算や法案をヒアリングし、専門家や業界団体からも要望を聞くとともに、党・議員の意見を政府に伝えます。基本的にこれまでの事前審査と同じですが、国会の委員会で公開して行い、拒否権を持たないことが違います。議案の修正も、事前に党内で行っていたことを、議案提出後に国会の委員会で行うだけです。これは、海外の議会では一般的な与党意見の反映方法です[11]。

これら条件整備に加え、アベノミクスの総括検証と日銀・年金積立金管理運用独立行政法人（GPIF）等の独立性の回復も必要です。アベノミクスを中心に、オイルショック以降の経済政策を歴史的かつ多面的に検証し、教訓を明らかにして、センシティブな経済財政状況を乗り越えなければなりません。また、日銀・GPIF等は、政府のグリップが効きすぎる状態になって

水産省6人、経済産業省6人、国土交通省10人、環境省6人、防衛省5人。府省合計で82人の副大臣がいる。要は、82人の副大臣が適切に業務分担できておらず、評論家・傍観者・お飾り的な副大臣が多い。

10 「鳩山内閣では、政府の役職がない議員は各省政策会議などで発言する機会はあっても、政策決定に関与しにくくなった」「党執行部は今年3月、批判をかわす格好で国会の常任委員会幹部らが開催する議員政策研究会を新設。それでも不満は収まらなかった」。『朝日新聞』２０１０年6月8日朝刊。

11 筆者が、２０１８年8月にアメリカ・コロラド州議会を訪ねたとき、ちょうど上下両院の委員会合同で予備審査を実施中で、行政官や団体代表などが議員たちに説明をしていた。

います。徐々に独立性を回復し、政治介入でなく、市場との対話で合理的に運営されるようにします。[12]

④……賃金・所得アップによる安定需要の確保

GDPで半分以上を占める個人消費は、人口減少によって縮小が懸念されることから、潜在的な消費力をできる限り引き出すことが、経済運営で必要になります。その際、消費性向の高い低所得者の消費力を高め、安定させることが重要です。[13]

よって、経済の活力を高め、持続させるためには、最初に賃金・所得を底上げしなければなりません。現実には、図表9で示したとおり、物価上昇に賃金上昇が追いつかず、実質賃金が低下しています。ここを次のような政策でテコ入れするのです。

◉ワーク＆ペイ（適切な働き方・相応の賃金）政策

労働法制は、運用を含めて、様々な抜け穴があるため、残業代の不払いや長時間労働が横行しています。それが賃金を抑圧する主因です。労働政策を見直し、違法行為や脱法行為ができないようにし、労働の単価

12 金子勝は「日銀による赤字財政ファイナンスの正常化を図らねばならない。だが、それは困難を極めるだろう」「すぐに出口を求めて、日銀による国債と株の買い入れを止めれば、たちまち財政金融は破綻してしまう」ので、「ゆっくりとした出口政策が求められる。国債買い入れ政策については、満期の近い期近ものに変えていくことで、日銀資産の縮小を徐々に図っていくしかない。つぎに、金利を少しずつ引き上げていくと、借換債の金利も上昇する可能性が高い。そこで、借換債については特別勘定を設け、超長期債を発行し、そこに事実上〈凍結〉する。政府の国債金利支払いと日銀納付金を相殺させる」ことを提案している。前掲『平成経済衰退の本質』206−207頁。

13 消費性向とは、所得のなかで消費に回す割合のこと。低所得者ほど、所得に占める生活必需品

を高めなければなりません。

それには、固定残業代の横行を規制し、サービス残業を厳しく取り締まって、残業代の完全支払いを実現します。月45時間の時間外労働上限の例外規定を廃止し、過度な長時間労働も禁止します。企業に有給休暇の残りの買取を義務づけ、取得を促進します[14]。

このように、労働政策を適切に組み合わせることで、民間企業の実質賃金を上昇させることができます。もちろん、行政の影響下にある賃金を増加させることも必要です[15]。

◉最低賃金の全国一律化と生活給化

最低賃金は、主たる稼ぎ手が世帯に存在することを前提に、家計補助として定められています。実際には、労働の非正規化が進み、最低賃金を主たる稼ぎにする世帯が多くあります。大都市圏と地方圏の格差が大きく、若者の地方流出の要因にもなっています。

最低賃金は、早急に全国一律とすることが必要です。その額も、生活給として、できる限り早期に時給1500円を目指す必要があります。年間労働時間を1800時間とすれば、時給1000円で年収180万円、時給1500円で年収270万円です[16]。

の購入割合が増えるため、消費性向が高くなる。

14 固定残業代とは「ある定額手当を残業代の代わりとする制度」のことで、残業代の支払いを逃れるために用いられる。「残業代を抑える便利な手段かつ長時間労働を強いる便利な手段として、多くのブラック企業に悪用」されている。ブラック企業被害対策弁護団ホームページ（2019年9月17日閲覧）より。また、有給休暇の取得義務は、平日の消費を増加させ、第三次産業の生産性向上に資すると考えられる。

15 行政が決められる賃金とは、保育士や介護士、公務員などの賃金のこと。

16 年間1800時間の労働時間は、1988年に閣議決定された「経済運営5ヵ年計画」と1992年に閣議決定された「生活大国5か年計画」で、それぞれ適切な労働時間として目標にな

引き上げは、丁寧に実施すれば、失業率を高めず、生産性を向上させると指摘されています。既存の中小企業向け予算を激変緩和策へシフトさせることも考えられます[17]。

◉所得税の総合課税化と基礎控除の拡大

所得税は、金融所得（株式などの配当）が分離され、その分離課税が一律20％であることから、不労所得よりも労働所得への課税の方が重いという課題があります。一方、生存に必要な所得に課税しない趣旨の基礎控除は、年48万円しか認められていません[18]。

所得税について、個人としてのあらゆる所得を合算して総合課税とすることで、公正さを確保します。次に、基礎控除を大幅に引き上げ、所得制限も廃止します。控除額は、最低賃金や生活扶助と連動させ、それと同等か、上回る額にします[19]。

税制を簡素にしつつ、本来の趣旨を踏まえて改善します。特に、憲法25条を実現する観点から、基礎控除と最低賃金、生活扶助、基礎年金を連動させることが重要です。

◉給付付き税額控除と税額の小刻み化

賃金収入や生活扶助、年金収入、家賃補助（その他の給付）などでも、

17 最低賃金引き上げが生産性を高め、日本経済に活力をもたらすとの代表的な意見としては、デービッド・アトキンソン『日本人の勝算』東洋経済新報社、2019年がある。

18 基礎控除48万円は2019年の課税から。その前は38万円。基礎控除は「一生懸命働いて健康で文化的な最低限度の生活が可能な所得を得た場合に、それには課税されない、という権利も保障している」。三木義一『日本の税金 第3版』岩波書店、2018年、36－37頁。

19 「所得税は現在、所得が多いほど税負担が重くなるよう、所得に応じて5～45％の7段階の税率が適用されている。しかし、株式の配当や売却益といった金融所得は、ほかの所得と分けて税額を計算することになっており、税率は一律20％に抑えられている。このため、合計所得に

所得が基礎控除に満たない場合、差額を還付する「給付付き税額控除」を導入します。一方、総合課税に加え、各種控除を整理し、税額を小刻み化することで、財源とします[20][図表19]。

給与所得者等の年末調整は廃止し、企業の事務負担を軽減するとともに、確定申告で税還付する納税手法に切り替え、政治や税の使途、社会への関心を高めます。[21]

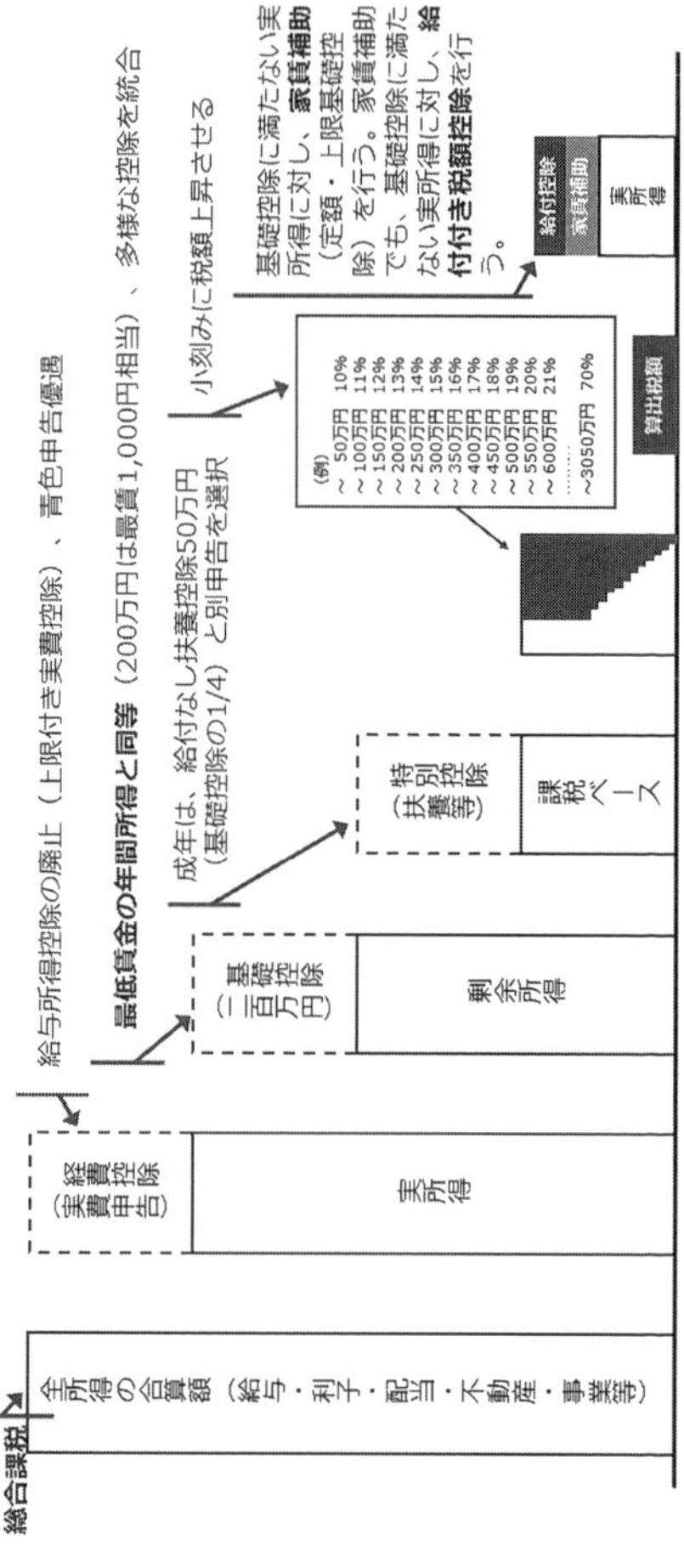

[図表19] 賃金・所得を高める税制等のイメージ（各種の数字は分かりやすくするための仮置き）

占める所得税の負担割合は、所得1億円を境に富裕層ほど軽くなる。『朝日新聞』2018年10月31日朝刊。

20 筆者の消費税に対する考え方は、大きく二点ある。第一は、最後に上げる税であるべきということ。他の税を上げ、支出を削っても、足りないときの最後の手段と考える。第二は、軽減税率が民主主義を弱体化させるということ。特定の品目に軽減税率を適用すれば、様々な業界が自らの扱う品目に軽減税率を適用させようと陳情競争し、政治の側も献金や票のため、民主主義や税制をゆがめる恐れが高いと考える。

21 年末調整を廃止すれば、多くの給与所得者は、確定申告によって税が還付される。

⑤……政策プロセスの透明化・公正化による効果的な資源配分

恣意的な政策決定、公文書の改ざん・隠ぺい、不公正な規制・税制は、人々の政治・行政への信頼を損ない、政策転換の基礎となる社会の連帯を壊します。森友学園、加計学園、自衛隊の日報隠し、厚生労働省の統計改ざんなど、不信を高めた行政は改善されていません。[22]

そのため、経済政策の転換を進めるためにも、政策決定プロセスを透明で公正なものとし、限りある資源を効果的に配分する必要があります。賃金・所得上昇の経済政策と同時に、次のような政治と行政の改革が、経済の観点からも不可欠です。

◉予算と税制の透明化

予算資料は、内容の詳細が各府省に分かれ、重複や省略が多いため、実際には全体像を把握できません。税制は、租税特別措置のように、優遇法人が非公開にされています。収入から支出まで、執行状態とともに、一覧的に把握できず、決算との突合も困難です。[23]

政府全体の税制、予算、納税・支出状況、支出先をリアルタイムに一

22 「参院選の公約に、野党の多くが公文書管理の強化や充実を盛り込んでいるのに対し、自民党の公約集には記載がない。17年の衆院選の公約にあった〈情報公開、説明責任を全うするため、行政文書の適正な管理に努めます〉との項目は抜け落ち、安倍首相が街頭演説で触れることもない。政権党として無責任とのそしりは免れまい」。『朝日新聞』2019年7月31日朝刊。

23 2010年に成立した租税特別措置透明化法は「当初、利用する各個別企業名を明らかにする趣旨であった。ところが、財界・業界からの後押しを受けた主税局の猛反対で、成案からは除かれたという経緯がある」。志賀櫻『タックス・イーター』岩波書店、2014年、51－57頁。

元把握できる情報システムを構築します。租税特別措置などで税優遇される法人は、名前と優遇額、理由を公表します。会計検査院に審査請求できる条件を緩和し、決算チェックを強化します。[24]

予算と税制の情報提供について、最新の情報通信技術を常に実装することで、情報通信技術の開発を促進する、オープンな公共プラットフォームの役割も担わせます。

◉規制行政の独立行政委員会への移行

規制行政は、警察や公正取引委員会に代表されるように、恣意的な執行（相手によって手心を加える）をしないことが求められます。それを確保するのが、独立性の高い行政委員会ですが、これまでの規制行政で、行政委員会は忌避されてきました。[25]

次の分野の規制行政について、実効性を確保するために大くくりに統合し、独立行政委員会に移行します。金融・証券取引、消費者・食品・薬事安全、労働基準監督、通信電波監理、エネルギー市場監視、環境基準などです。

独立行政委員会の運営の透明化も、同時に必要です。各委員会は、原則として常勤委員で構成し、規制されてきた行政・業界からの天下り・

24 現在の審査請求は、会計検査院法第35条に基づき「利害関係人」に限定されており、2009年までの請求85件のうち、審査したのが22件、是正判定は3件であった。前掲『タックス・イーター』182–184頁。

25 独立性の高い行政委員会のことを、ここでは独立行政委員会と呼んでいる。国家行政組織法第3条に基づく委員会と、内閣府設置法に規定される委員会（公正取引委員会、国家公安委員会）のことを指す。規制行政への政治介入を抑制するタイプの委員会（公正取引委員会、国家公安委員会、原子力規制委員会）と、審査行政への専門性を確保するタイプの委員会（公害等調整委員会、公安審査委員会、中央労働委員会、運輸安全委員会）がある。近年の規制行政は、電力・ガス取引監視等委員会のように、国家行政組織法第8条に基づくものが多く、これは審議会と同等の権限

天上がりの禁止も必要です。

◉国会の内閣・行政チェック機能と審議機能の強化

政権交代は、国会の多数派が入れ替わることも意味します。新たな先例等を確立しての国会改革が可能です。これまで、チェック機能と審議機能を強化する国会改革ができなかったのは、国会多数派すなわち自民党が、改革に抵抗してきたからです。

首相・大臣への口頭質問を定例化し、野党議案の審議日を設け、チェックと審議を強化します。質問主意書の手続を簡素化しつつ、任意で行われている「資料要求」を統合し、政府から国会への情報提供をオープンにします。[26]

これに、前述の与党の事前審査の廃止、衆参合同の予備審査の実施、予算・税制の透明化など、政策決定プロセスの透明化の取り組みが加わります。

◉国会日程闘争への終止符

国会審議が低調で、しばしば審議拒否が起こるのは、多数派の都合だけで委員会を開催したり、休止させたりできるからです。そこに歯止めをかける必要があります。

しかなく、事務局となる大臣庁に運営の主導権があり、独立性が低い。

26 国会議員は、各府省の国会連絡室を通じて、日常的に様々な資料を要求している。それらの資料は、議員に届けられるのみで、国会としての共有や公表はされていない。

国会開会日の議院運営委員会で、会期中の本会議・委員会の開催スケジュールを決定する先例を確立します。その会議は定足数を緩和し、少数審議を可能にします。議案の詳細は、担当副大臣の出席する小委員会で、徹底的に審議を尽くします。[27]

⑥……公正な市場デザインによる活力の創出

近年の経済政策では、市場のあり方によって、全体最適を高めて社会的に良い結果が出ることもあれば、部分最適を助長して社会的に悪い結果になることも分かっています。マーケットデザインと呼ばれます。

そこで、公正な競争を促し、社会的に不公正な結果に至らないよう、市場のあり方を点検して、再構築することが重要です。それが、産業の新陳代謝を促して経済の活力をもたらし、貧困や格差、環境負荷などの社会的な悪影響を抑制します。特に、次の政策が必要です。

◉積極的労働市場政策（**労働スキルの公的責任化**）

人口減少に伴う労働力不足ですが、多くの人が低賃金や失業に苦しんでいます。このギャップは、労働スキルの取得が自己責任になっている

27 小委員会など、国会審議を充実させる具体的な手法については、田中信一郎「今こそ必要とされる熟議と合意の国会」『世界』２０１０年10月号を参照のこと。

ことで発生しています。不足する業種があっても、必要なスキルを身につけるのが自己費用のため、簡単に転職できません。

就職や転職に必要となるスキルを身につける費用、その間の生活費について、一部または全部を公費で負担する政策（積極的労働市場政策）を導入します。大学で取得する資格の場合は、学費を公費で負担します。また、各地で高度な職業訓練を提供します。[28]

これにより、賃金の高い異職種への転職が容易になります。中小企業の労働者教育コストの肩代わりにもなります。企業を救わないけれども、労働者を救う政策です。

政策（2016年）（対GDP比%）	日本	ドイツ	デンマーク	スウェーデン	フランス 2015	イギリス 2011	アメリカ
公共職業紹介・労働行政	0.06	0.36	0.41	0.27	0.25	0.20	0.02
職業訓練	**0.01**	**0.19**	**0.53**	**0.13**	**0.37**	**0.01**	**0.03**
雇用インセンティブ	**0.06**	**0.02**	**0.25**	**0.50**	**0.05**	**0.01**	**0.01**
障がい者等への就業支援	**0.00**	**0.02**	**0.88**	**0.26**	**0.09**	**0.00**	**0.03**
雇用創出	**0.00**	**0.02**	**0.00**	**0.00**	**0.22**	**0.01**	**0.01**
起業インセンティブ	**0.00**	**0.01**	**0.00**	**0.01**	**0.03**	**0.00**	**0.00**
失業保険・所得保障	0.16	0.81	0.98	0.55	1.97	0.31	0.16
早期退職	0.00	0.01	0.17	0.00	0.00	0.00	0.00
労働市場政策の総計	0.30	1.45	3.22	1.73	2.98	0.54	0.27
積極的労働市場政策（太字）	**0.08**	**0.26**	**1.66**	**0.90**	**0.76**	**0.03**	**0.09**

［図表20］積極的労働市場政策への公的支出の対GDP比（2016年）

28 図表20は、積極的労働市場政策の各国比較である。デンマーク、フランス、ドイツ、スウェーデンは、GDP比の0・1%以上を職業訓練に投じ、イギリスと日本は0・01%に過ぎない。OECD主要統計「労働者への公的支出（Public spending on labor markets）」より。

◉自由な協同組合の設立

大半の起業で選ばれる法人格は、株式会社です。ただ、出資者の割合で議決力が決まるため、民主的な経営に馴染みません。一部ソーシャルビジネスでは、一般社団法人やNPO法人が使われていますが、出資者に配当できないなど、使いにくい点があります。

協同組合設立法を制定し、協同組合を自由に設立できるようにします。現在は、消費生活協同組合法のように、特定分野のみ設立可能です。協同組合は、議決権が一人一票と民主的で、出資者に利益を配当できるので、ソーシャルビジネスに適しています。

ドイツでは、コミュニティによる起業が盛んで、協同組合の法人格が盛んに用いられています。住宅協同組合は、借主が所有者でもあり、資産管理の投資も熱心です。[29]

◉公正市場再構築委員会

これまでの市場は、規制緩和が絶対善とされ、国家戦略特区や規制改革など、政府はひたすらに規制緩和を推進してきました。一方で、加計学園問題や人材派遣に見られるように、特定の有力者や事業者が利益を享受しているとの批判もあります。

29 協同組合の重視は、自民党の源流の一つ「国民協同党」(三木武夫委員長)の主たる主張であった。

政府の規制緩和や特区の仕組みを廃止し、公正市場再構築委員会を設置します。様々な市場について、社会的な不公正をもたらしていないか、詳細に点検し、首相・大臣に改善勧告する組織です。情報公開し、あらゆるステークホルダーから意見聴取します。

これは、委員と事務局の構成が極めて重要になります。事務局は、官僚や企業からの出向者でなく、若手の弁護士や研究者（ポストドクター）を多数登用するといいでしょう[30]。

◉地域インフラ企業アライアンス（カルテル）

人口減少は、地域のインフラ維持に深刻な問題をもたらしつつあります。しかし、民営化は、不採算部門を切り、維持管理費をケチるので、解決策になりません。

上下水道、エネルギー、公共交通、公営住宅、廃棄物処理など、地域のインフラ事業者がアライアンス（カルテル）を組み、必要に応じて地域インフラ公社に発展できるようにすることで、時代の需要の変化を乗り越え、長期にわたりインフラを維持します[31]。

30 弁護士とポストドクターは、政府の政策によって大幅に増えた一方、若手の就職先が十分でないという課題に直面している。

31 ドイツでは、複数のインフラを公有で管理する都市公社をシュタットベルケと呼ぶ。日本で実施する場合は、既に民間企業が存在するため、官民で出資する持株会社を設立し、収益部門から不採算部門へ赤字補てんすることが考えられる。シュタットベルケについては、諸富徹『人口減少時代の都市』中央公論新社、2018年、165−176頁を参照のこと。

⑦……エネルギーを突破口にするイノベーションと産業転換

これまで見たとおり、化石エネルギーを基盤とする重工業を基本とする産業構造は、転換を迫られています。自動車産業すら、電気自動車が次世代の主力となりつつあり、危うい状況です。日本の技術アドバンテージは、内燃機関にありますが、それを不要とするからです[32]。

イノベーションと産業転換の突破口は、エネルギーにあります。再生可能エネルギーを早期に大量導入しなければならない一方、その変動を安価なコストで調整する点に、イノベーションと新産業の大きな余地があるからです。原発全廃に加え、次のような政策が必要です。

◉リアルタイムのデジタル・エネルギー市場の確立

どれだけ有用な技術やビジネスアイデアがあっても、取引できる市場がなければ、死蔵されてしまいます。現在のエネルギー市場は、規制事業だったときに徐々に拡大してつくられたもので、需給の状況を適切に反映せず、既存の大企業が有利になっています。

需要と供給に応じて、リアルタイムで変動する全国一つのエネルギー

32 トヨタ自動車副社長は「世界各地で電動車への期待が高まっている。我々も準備を急ぐ」と発言している。『朝日新聞』2019年6月8日朝刊。

市場を確立し、既存の大企業保護につながる容量市場などを廃止します。市場の広域化とリアルタイム化、デジタル化により、再生可能エネルギーの変動と需要の変動を効率的にマッチできます。

この市場が確立している欧州では、複数の再生可能エネルギーや需要家をグルーピングし、市場との利ざやを得る業態など、多くの新ビジネスが生まれています[33]。

◉発送電の完全分離と送電網への投資

電力会社は、発電、送電、小売の各部門を地域で統合経営してきました。現在は、発電と小売が自由化されています。発送電の分離は決まっていますが、持株会社で引き続き一体経営されます。発電と小売の一体経営も可能で、参入者への圧迫が懸念されています。

電力会社の3部門完全分離により、公正な市場を確保し、再生可能エネルギーの導入を進める必要があります。一方、送電部門を公共財として、近代化への投資を積極的に行う必要もあります。送電網への投資は、災害に強い社会にもつながります。

福島原発事故を起こして国の管理下にある東京電力は、実質的な債務超過である一方、被災者への賠償に不熱心です。早期の完全賠償のため

33 例の新業態は「ヴァーチャルパワープラント」と呼ばれている。欧州の新たなビジネスについては、前掲『進化するエネルギービジネス』を参照のこと。

にも、解体が必要です。[34]

●エネルギーから人へ（環境税の導入と企業の社会保険料の負担軽減）

図表17のとおり、日本は年間20兆円前後の化石エネルギー輸入費用を海外へ支払っています。これを削減し、その分を消費や投資に回せば、経済を活性化できます。一方、多くの中小企業は、人件費比率が高く、社会保険料が雇用や待遇改善のハードルになっています。

化石エネルギーに対し、CO_2排出量に応じた税を導入します。現在、１CO_2－ｔ当たり３００円の温暖化対策税を、６０００円（灯油１ℓ・15円）にすれば税収２兆５千億円になります。その過半（例えば２兆円）を企業の社会保険料負担（約30兆円）の軽減に充てます。[35]

石油関係では、ナフサ（石油化学製品原料）の減免が、年間約３・６兆円あります。精製する原油すべてを減免しており、ナフサに限定すれば約１０００億円の減免で済みます。[36]

●地域主導型再生可能エネルギー事業の優遇

再生可能エネルギーの特徴は、地域の資本、経営、融資によって、地域への経済効果を最大化できることです。欧州では、優遇措置を設ける国もあります。[37]

34 金子勝は、東京電力について民事再生にかけ、株主責任と貸し手責任を問うとともに、売却益で不足する分の賠償費用を国で引き受けることを提唱している。前掲『平成経済衰退の本質』２０１－２０３頁。

35 ６０００円は、新設発電所で石炭火力よりもＬＮＧ火力の方が安くなり、省エネの投資回収年が20％程度短縮するレベル。倍の１２０００円は、既存発電所の燃料代で石炭よりもＬＮＧの方が安くなり、既存設備で石炭からＬＮＧへ転換が進むレベル。なお、エネルギー多消費産業を減免し、代わりにCO_2の総量規制（排出量取引制度）を導入する仮定で試算した。この試算に際しては、産業技術総合研究所の歌川学氏から助言を得た。社会保険料については、伊東雅之「社会保険料の事業主負担」『調査と情報』６５２号、２００９年に基づく。

一定の条件を満たした地域主導型の事業について、買取価格や手続などの優遇措置を設けます。それにより、資源の豊富な中山間地域での再生可能エネルギー事業を活発にし、地域と調和した再生可能エネルギー開発とともに、大都市からの資金流入を促進します。

⑧……人口減少社会に必要なインフラ投資と地域経済の安定化

多くの人々は、**人口減少を前提にした社会だと、公共投資を減らすことになると懸念しています。**列島改造ブームやオイルショック以降の景気対策、1990年前後の日米構造協議、2000年前後の景気対策で、公共事業が大幅に拡大し、建設経済の役割が大きくなってきたからです。

この懸念は、正しくもあり、間違いでもあります。従来の道路建設やニュータウン開発のような大規模開発は、人口減少に伴って必要性が低下しています。けれども、人口減少社会でも活力を保つために、次のように異なる面の建設投資や地域投資が引き続き必要だからです。

◉ショートウェイシティへのインフラ投資

36 廃プラスチックの問題が国内外で注目されており、環境の観点からもナフサ減免の見直しが迫られている。

37 例えば、ドイツでは「100%再生可能エネルギー地域」プログラムとして、連邦政府が自治体レベルでの再生可能エネルギー導入を支援している。村上敦・池田憲昭・滝川薫『ドイツの市民エネルギー企業』学芸出版社、2014年、31-38頁。

日本の都市は、適切な人口密度を考慮せず、オフィス・商業地区と住宅地区を分けて、整備されてきました。それが、待機児童だけでなく、通勤のラッシュ・渋滞、生活への自動車の必要性、インフラ距離の増加、昼間の住宅地の閑散などの問題になっています。

拘束力の強い精密な都市計画・土地利用計画の策定権限を自治体に付与し、住民参加での策定を進めます。ただ、一部の都市に人口を集中させるのでなく、同じ地区・集落のなかで、住民のライフステージに合わせた、無理のないペースでの集住化を進めます[38]。

将来にわたって住み続けるエリアでは、公共施設や公共交通、その他のインフラに積極的な投資を行い、小さな集落でも、自動車を所有せずに安心して暮らせるようにします。

●資産価値の高い建物の増加

戦後は、急増する人口に対応するため、質より量を重視して、住宅やビルなどの建築が進められてきました。一方、前章で見たとおり、建物の資産価値は投資に見合っていません。安普請の建物を造っては壊す、そうした建設経済を改める必要があります[39]。

新築建物に断熱規制を全面導入し、それを段階的に強化することで、

38 富山市は、この考え方に基づき、鉄道・路面電車の駅・電停と、バス停留所から半径３００ｍ以内への集住を促している。その際、結婚や退職、死亡などのライフステージに合わせて、引っ越すことを勧めている。富山市「ＳＤＧｓ未来都市計画」２０１８年に基づく。

39 国連社会権規約委員会は１９９１年の意見で「適切な住居」を次の7要素で規定している。①強制立ち退きや嫌がらせ等から法的に保護されている。②健康、安全、快適な暮らしを営むための適切な設備があり、電気・ガス・水道、ごみ処理などのインフラが利用できる。③経済的に適切な負担で居住できる。④広さ、温度、湿気などが適切で、健康に対する脅威がなく、安全で健康に暮らせる居住環境である。⑤障がい者、高齢者疾患をかかえる人など不利な状況にある人に利用可能である。⑥雇用

長寿命で質の高い温熱環境の建物ストックを増やします。既存の建物については、毎年2%ずつ、断熱改修するための断熱改修補助金を設けます。[40]

既存建物の改修は、案件開拓を含めて手間が大きく、全国規模の大企業よりも、地域密着の中小企業の方が、相対的に有利です。地域経済のベースとしても重要になります。

◉農林水産業の付加価値の向上

農林水産業は、自然資源から富を生み出す産業として、また災害防止やコミュニティ維持、文化継承などの多面的な価値の点で、極めて重要です。一方、工業化などによる相対的な収益性の低下、グローバリゼーションによる競争力の低下にさらされています。

農業は、戸別所得補償制度とソーラーシェアリングで所得を確保し、有機農産物市場の拡大で付加価値を高めます。漁業は、資源管理と漁獲量割当の制度で乱獲防止と収益向上を両立し、林業は、路網などのインフラ整備で乱伐防止と収益向上を両立します。[41]

工業先進国においても、適切な制度と市場を構築することで、自然資源の持続性と農林漁業者の収益性、小規模事業者の存在が並び立つこと

が選択でき、医療、教育、保育などの社会サービスにアクセスできる場所にある。⑦住居の文化的側面が犠牲にされないこと、また必要に応じて、近代的な技術が確保されている。稲葉剛・小川芳範・森川すいめい『ハウジングファースト』山吹書店、2018年、195頁。これに照らすと、日本のほぼすべての住宅が④を確保しておらず、新築住宅の多くが⑥で不利な立地に建てられ、投資目的で建てられる多くの賃貸住宅が③に反する論理で運営されている。

40 ドイツ政府は「2006年から2011年の6年間で約68億ユーロ（約8800億円）を省エネリフォーム工事の助成金、あるいは低利子・無利子融資の財源として投入してきた」「毎年数兆円規模のエネルギーコストの節約分を先食いする形で、すなわちロシアや北海油田にエネルギー購入代金を今後十数年間支

［図表21］名目建設投資と対名目GDP比率の推移

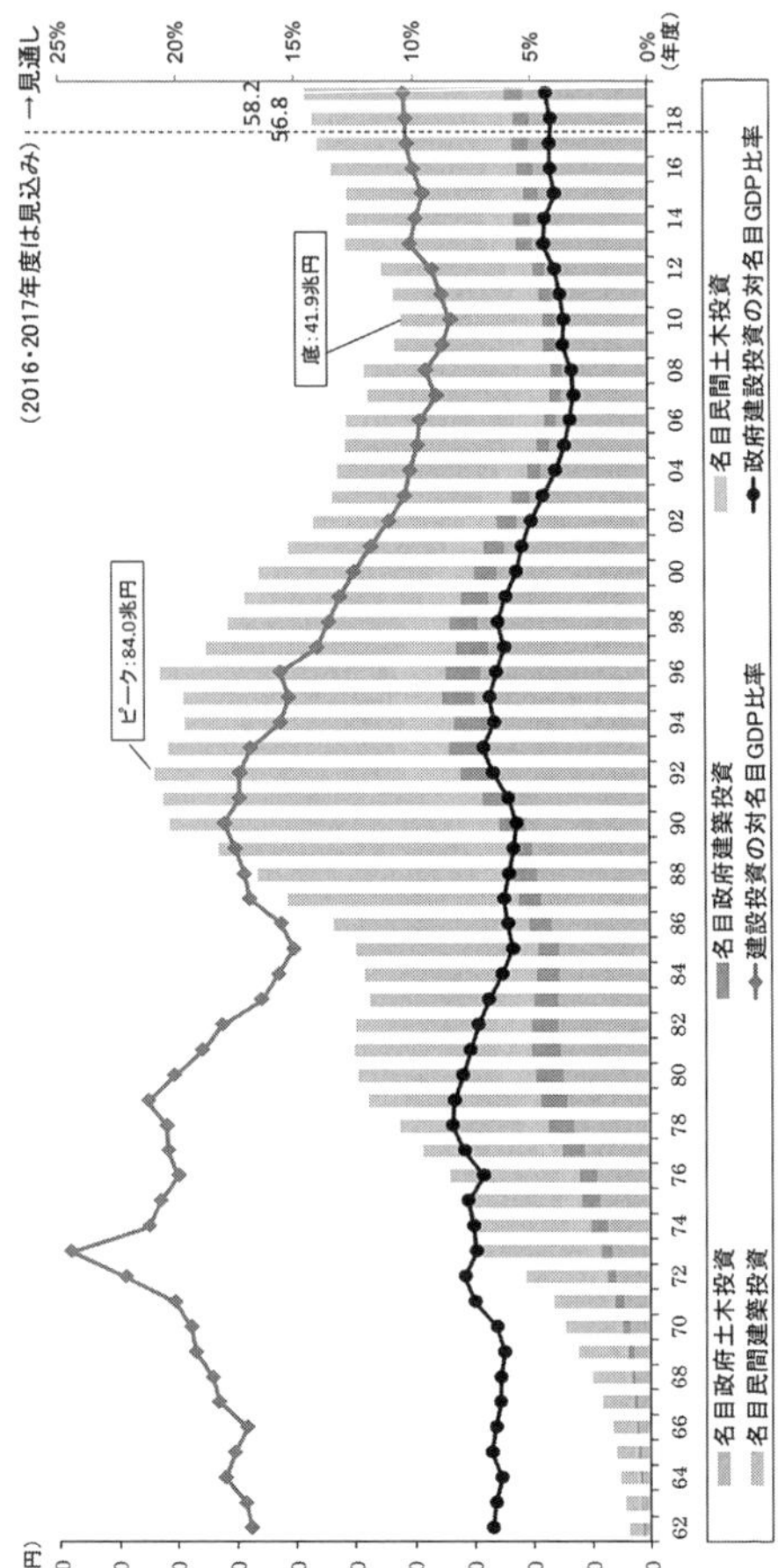

は、欧州の例から明らかです。[42]

●民間投資中心での建設経済の安定化

近年の建設経済の規模は、50兆円前後で増減しています。2014年（約51兆円）は、民間と公共で概ね半々、建築と土木で概ね半々、土木の大半は公共です[43]［図表21］。

払ってゆく代わりに、ドイツでは国内、地域の手工業者に投資をして」「雇用創出、人件費として流れ」る政策を推進している。前掲『ドイツの市民エネルギー企業』27－31頁。

41　ソーラーシェアリングとは、農地の上部にスリットの入った太陽光発電パネルを並べ、作物の育成と発電を両立する設備。営農型発電ともいう。農地での営農と一定以上の収穫が、農地転用の許可条件になっているため、農業生産と両立させなければ発電もできない。

42　オーストリアでは、1995年のEU加盟後の農業維持策として、有機農業などの環境保全型農業に力を入れている。寺西俊一・石田信隆『輝く農山村　オーストリアに学ぶ地域再生』中央経済社、2018年、45－49頁。ノルウェーでは、厳格な総量規制と漁獲量割当により、乱獲と補助金漬けの漁業を解消し、

民間投資の予測をベースに、公共投資を足して、毎年一定額（例えば50兆円）になるよう、公共投資額を決めます。民需の減少期は、断熱改修補助金などを増やして需要を喚起します。建設事業者の長期経営見通しが立ち、安定雇用と中小企業の需要を確保します[44]。

⑨……権力と学びが比例する社会への転換

日本の行政や企業組織では、業績を上げた人が幹部に出世する傾向のため、過去の成功体験を繰り返そうとする一方、新たな知識を摂取し、挑戦することに及び腰になっています。偉くなるほど学ばず、楽をする組織文化が広がっています[45]。

これを逆転させ、組織で権力を持つ人ほど、貪欲に学び、果敢に挑戦する社会に転換する必要があります。一方、そうした意欲があっても、仕事と学びの両立は容易でありません。積極的労働市場政策に加え、次のように、老若男女の誰もが学べる社会に向けた政策が必要です。

◉学費を下げて質を高める

個人支出にのしかかる学費（給食などの関連費を含む）の高さが、産業か

漁業者の所得を高めた。勝川俊雄『漁業という日本の問題』NTT出版、2012年、108－135頁。ドイツやオーストリアでは、森林計画と路網整備を丁寧に行うことで、森林の持続可能性を確保し、林業の生産性と所得を高めている。梶山恵司『日本林業はよみがえる』日本経済新聞出版社、2011年、73－93頁。

43 建設経済研究所「建設経済レポート（日本経済と公共投資）」2019年。建設労働者の構造的な課題は、臨時雇で雇用が安定しないことと、賃金が安いこと、公共事業の季節変動（4月～6月に仕事減）にある。これらの問題は、大規模公共事業の下請・孫請ほど大きくなる。そのため、年間を通じて、付加価値の高い、小規模な仕事（小規模事業者でも一次請け可能）の市場を一定確保することが、重要となる。

らすると、質の高い働き手の不足につながっています。一方、学費の高さが、教育環境の質の低下への圧力になっています。学びを忌避せず、喜びとする社会への根本的な阻害要因です。

義務教育での給食費の無償化や小中高大の各種学校の教員増加、大学の学費低減などのため、教育予算を大幅に増やします。部活動などの教員の無償労働を廃止し、授業の質の向上にエネルギーを振り向けられるようにします。

課題を丁寧に考察し、解決策を論理的に組み立て、合意形成しながら実行し、想定と結果の差を検証し、策を改善して、解決に近づける能力を、社会の誰もが身につけます[46]。

◉企業の人材育成の公共分担

企業が大学・高校に求めてきたのは、読み書き計算の能力以外は「人材の品質を保証する紹介機能」（紹介する学校の信用、すなわち学校名や過去の採用者の信用度）です。育成は、入社した後にゼロから行い、大企業と中小企業の差を生む原因にもなっています[47]。

高校・大学・専門大学校・技術訓練校などにおいて、社会人向けの教育を強化します。小規模企業ほど学費を優遇するとともに、公的な教育

44 2017年のドイツ視察での建築専門家からのヒアリングによると、ドイツでは、年間約45兆円の建設投資が行われ、建築が約8割（土木2割）、建築のうち既存建物への投資が約7割で、建設投資の約3割が省エネ関連に投じられているという。建設経済において、建築の方が土木よりも相対的に付加価値が高いため、重視されている。また、建物改修は、地域に密着する事業者の営業コストが相対的に低いため、小規模事業者の保護にもなっている。

45 この傾向は、客観的に論証しにくく、内閣官房、内閣府、長野県、横浜市で勤務した筆者の主観による。ただ、組織的な学習であるPDCAの不徹底が、企業の業績不振につながりやすいことは、経験則として知られている。稲田将人は「多くの日本企業で」「名ばかりPDCA」が横行しているため「日本企業

機関に社員を通わせる企業の税負担を軽減します。職種別団体などによる技能研修も促進します。

企業内でのＯＪＴ（オンザジョブトレーニング）の割合をできる限り減らし、公共での技能研修が定着すれば、人材育成コストが減少し、中小企業の振興につながります。

◉経営大学院の地方立地と企業役員の学位公開

高校・大学を卒業し、地方圏で企業や行政に就職すると、高度な経営能力や行政能力を身につける機会がほとんどありません。大都市圏であれば、働きながら経営大学院などに通えますが、ほとんどの地方圏には社会人大学院すら存在しないからです[48]。

企業役員は、女性比率に加え、博士や修士などの学位、主な保有資格を有価証券報告書で公表させます。地方圏の大学で経営大学院・行政大学院の設置を促進し、中小企業経営者や自治体幹部（その候補者）が、高度な経営・行政運営を学べるようにします。

これらと合わせて、大都市圏への大学集中を誘導してきた従来の文部行政の方針を転換し、大学の地方分散を誘導することが重要です。これで大都市への人口集中も緩和できます。

の再活性化には、本来のＰＤＣＡが不可欠」と指摘している。同『戦略参謀の仕事』ダイヤモンド社、２０１８年、３２８－３３２頁。

46 これは、民主主義社会における教育の目指す姿であると同時に、社会人として求められるＰＤＣＡを精度高く素早く回す能力と同一である。

47 小熊英二は、学校による紹介機能を「縁故」の一種とし、企業が「一般的な知的能力や人物の情報」を「スクリーニングする役割」を学校に期待するところから、現在の卒業学校を重視する雇用慣行が生まれたと指摘している。前掲『日本社会のしくみ』２８０頁、３１１－３１４頁。人材育成を企業内でゼロから行うことは、そこに十分な投資をできる大企業と、それほど投資できない中小企業との間で、人材の能力に差が生まれやすくなる。

◉研究政策における「選択と集中」の廃止

国内研究活動の7割は企業で行われ、企業研究者の98％が理系で、費用の約7割が製品等の開発です。企業研究費は減少傾向で、国際的な評価も低下しています[49]［図表22］。

国立大学など公費での研究費を増額し、工学・医学など特定分野を重視する「選択と集中」方針を廃止します。文理問わず・全科学分野・基礎性を重視する方針とし、短期での性急な成果を求めない研究費とします。

	WEF "The Global Competitiveness Report"の年版						
順位	2010-11	2011-12	2012-13	2013-14	2014-15	2015-16	2016-17
1	米国 (5.85)	スイス (5.77)	スイス (5.78)	フィンランド (5.79)	フィンランド (5.78)	スイス (5.76)	スイス (5.80)
2	スイス (5.60)	スウェーデン (5.76)	フィンランド (5.75)	スイス (5.70)	スイス (5.70)	フィンランド (5.73)	イスラエル (5.73)
3	フィンランド (5.56)	フィンランド (5.72)	イスラエル (5.57)	イスラエル (5.58)	イスラエル (5.56)	イスラエル (5.65)	フィンランド (5.68)
4	**日本 (5.52)**	**日本 (5.59)**	スウェーデン (5.56)	ドイツ (5.50)	**日本 (5.54)**	米国 (5.58)	米国 (5.64)
5	スウェーデン (5.45)	米国 (5.57)	**日本 (5.54)**	**日本 (5.49)**	米国 (5.49)	**日本 (5.54)**	ドイツ (5.58)
6	イスラエル (5.30)	イスラエル (5.53)	米国 (5.50)	スウェーデン (5.43)	ドイツ (5.47)	ドイツ (5.51)	スウェーデン (5.49)
7	台湾 (5.29)	ドイツ (5.39)	ドイツ (5.42)	米国 (5.37)	スウェーデン (5.37)	スウェーデン (5.46)	オランダ (5.44)
8	ドイツ (5.19)	シンガポール (5.33)	シンガポール (5.39)	台湾 (5.25)	オランダ (5.25)	オランダ (5.37)	**日本 (5.43)**
9	シンガポール (5.04)	台湾 (5.27)	オランダ (5.31)	シンガポール (5.19)	シンガポール (5.18)	シンガポール (5.24)	シンガポール (5.33)
10	デンマーク (4.89)	デンマーク (5.10)	英国 (5.17)	オランダ (5.16)	台湾 (5.10)	デンマーク (5.11)	デンマーク (5.13)

［図表22］世界経済フォーラムによる「イノベーションランキング」

48 地方圏の企業経営者が経営学修士（MBA）、自治体幹部が行政学修士（MPA）を取ることは、現状では物理的に困難である。

49 企業研究費の法人税からの控除額は、2014年で約6千億円。文部科学省『科学技術白書』2018年度版による。

⑩……国際ルールをレビューし、グローバリゼーションと上手につきあう

世界中の人々や情報、モノが相互に行き交う流れ、すなわちグローバリゼーションは、今後も拡大すると考えられます。それに背を向けて、鎖国に向かうことは非現実的です。一方、グローバリゼーションによる地域の経済や文化、生活への悪影響は、深刻な問題でもあります。

経済において、グローバリゼーションの好影響を享受し、悪影響を抑制するには、公正な国際ルールが重要です。外交を見直し、目の前の利益やメンツにこだわるのでなく、長期にわたって安定する信頼関係を構築することも重要です。それには、次の政策が必要です。

◉公正性の視点からの国際通商ルールのレビューと交渉

政権交代しても、過去に結んだ国際条約を無効にできず、ルールも勝手に変更できません。関係国と交渉し、時間をかけて解決する必要があります。また、日本に有利なルールでも、長期的には問題になったり、持続可能性を損なったりすることもあります。

ＴＰＰ（環太平洋経済連携協定）など、日本の結ぶ通商条約について、公

正性や持続可能性、社会、健康、環境などの観点からレビューします。そのために、多様な専門家で構成する委員会を設け、課題や改善策を検討します。それに基づき、国際交渉に臨みます。

国際的な税逃れの規制を強化し、資本移動の透明化を高めるとともに、国際金融取引などに課す国際連帯税を創設する多国間条約の締結を目指すことも重要です。

◉戦後問題の完全解決による外交力向上

外交において背景となる力は、政治力（軍事力）、経済力、信用力です。経済力が相対的に低下するなか、政治力を放棄する日本としては、信用力を高める必要があります。もっとも有効な方法は、過去の信用棄損を深く反省し、それを償い、後世に伝えることです。

過去の植民地支配とアジア太平洋戦争に関する情報を一元的に収集し、繰り返さないための知見を提供・伝承する公的機関を設けます。専門家による委員会を設け、解決策を検討し、それに基づき必要な政策を実施します。

過去の問題が、経済に悪影響を与えることは、日韓関係から明らかです。また、海外に与えた被害だけでなく、空襲など国内被害も解決することが必要です。

●労働条件の国際的な平準化

国内の低賃金労働を許容する論理の一つは、海外の低賃金労働との競争です。海外の低賃金は、劣悪な労働条件、不十分な社会保障、不衛生な生活環境によって可能になっています。それらを底上げし、日本と同等にすれば、低賃金競争を強いられずに済みます。[50]

ODA（政府開発援助）を供与する際、日本企業や製品の利用でなく、労働条件の改善や社会保障の充実などの民生向上を条件として求めます。国際協力における環境社会配慮ガイドラインを法制化し、国際協力事業での環境社会配慮と透明化を義務づけます。

違法性の疑われる資源や製品等を審査し、国際条約や当該国の法令などに照らして、合法性を確認できない資源などの輸入を禁止します。

●外国人労働者制度の抜本的な見直し

政府は、低賃金労働の担い手として外国人労働者を導入する一方、人権確保に不熱心でした。一方、彼ら・彼女らは、既に日本経済に不可欠な一員として活躍しています。[51]

技能実習生制度の廃止など、外国人労働者制度を人権の観点から抜本

50　劣悪な労働条件などの例としては、ファストファッション業界があり、映画『ザ・トゥルー・コスト』（2015年アメリカ）で描かれている。

51　国内の外国人は、正規の労働者だけで約150万人（2018年）、オーバーステイなどを含めると約400万人いるとの推計がある。望月優大『ふたつの日本』講談社、2019年、61－79頁。横浜市（約375万人・2019年）の人口に匹敵する。

的に見直します。また、難民申請者やオーバーステイ者を全面的に受け入れ、経済の「即戦力」として活躍を支援し、永住を認めます。創造力を引き出すためにも、人権法令を整備します。

◉第五章参考文献
猪谷千香『町の未来をこの手でつくる』幻冬舎、2016年
井手英策・今野晴貴・藤田孝典『未来の再建』筑摩書房、2018年
稲田将人『戦略参謀』日本経済新聞出版社、2017年
稲田将人『戦略参謀の仕事』ダイヤモンド社、2018年
稲葉剛・小川芳範・森川すいめい『ハウジングファースト』山吹書店、2018年
植田和弘・梶山恵司『国民のためのエネルギー原論』日本経済新聞出版社、2011年
宇沢弘文『社会的共通資本』岩波書店、2000年
小田切徳美『農山村は消滅しない』岩波書店、2014年
梶山恵司『日本林業はよみがえる』日本経済新聞出版社、2011年
勝川俊雄『漁業という日本の問題』NTT出版、2012年
金子勝・武本俊彦『儲かる農業論』集英社、2014年
川勝平太・三好陽『イギリスの政治』早稲田大学出版部、1999年
志賀櫻『タックス・イーター』岩波書店、2014年

関良基・まさのあつこ・梶原健嗣『社会的共通資本としての水』花伝社、２０１５年
高橋洋『電力自由化』日本経済新聞出版社、２０１１年
高橋洋『エネルギー政策論』岩波書店、２０１７年
高橋真樹『そこが知りたい電力自由化』大月書店、２０１６年
滝川薫・村上敦・池田憲昭・田代かおる・近江まどか『欧州のエネルギー自立地域』学芸出版社、２０１２年
瀧澤弘和『現代経済学』中央公論新社、２０１８年
武本俊彦『食と農の「崩壊」からの脱出』農林統計協会、２０１３年
橋木俊詔・広井良典『脱「成長」戦略』岩波書店、２０１３年
田中秀征『自民党本流と保守本流』講談社、２０１８年
寺西俊一・石田信隆『輝く農山村　オーストリアに学ぶ地域再生』中央経済社、２０１８年
西川伸一『この国の政治を変える会計検査院の潜在力』五月書房、２００３年
広井良典『「環境と福祉」の統合』有斐閣、２００８年
広井良典『コミュニティを問いなおす』筑摩書房、２００９年
広井良典『創造的福祉社会』筑摩書房、２０１１年
広井良典『人口減少社会という希望』朝日新聞出版、２０１３年
三木義一『日本の税金　第3版』岩波書店、２０１８年
三木義一『税のタブー』集英社インターナショナル、２０１９年
宮本太郎『共生保障』岩波書店、２０１７年
村上敦・池田憲昭・滝川薫『ドイツの市民エネルギー企業』学芸出版社、２０１４年
村上政博『独占禁止法　新版』岩波書店、２０１７年

望月優大『ふたつの日本』講談社、2019年
諸富徹『人口減少時代の都市』中央公論新社、2018年
安田陽『世界の再生可能エネルギーと電力システム　経済・政策編』インプレスR&D、2019年
米田巌『部長の資格』講談社、2013年
アレックス・カー『犬と鬼』講談社、2002年
デービッド・アトキンソン『新・生産性立国論』東洋経済新報社、2018年
デービッド・アトキンソン『日本人の勝算』東洋経済新報社、2019年
00『シビックエコノミー』フィルムアート、2014年

予算をどうするか？

過去50年近く、政府の財政規模は、拡大してきました。1970年度に歳出総額8・2兆円だった財政規模は、1980年度43・4兆円、1990年度69・3兆円、2000年度89・3兆円、2010年度95・3兆円、2013年度100・2兆円と、100兆円を突破するまでになりました。

高度成長が1973年のオイルショックで終わったにもかかわらず、反比例するように歳出規模が拡大してきました。不景気で財政出動し、その財政規模が好景気になっても減らず、次の不景気でさらなる財政出動を行うというサイクルが繰り返されてきたからです。例えば、1973年度は前年11・9兆円から14・8兆円に拡大し、翌年さらに19・1兆円となりました。

さらに、社会保障の充実と高齢化によって、社会保障費が拡大しています。1970年度の社会保障費は歳出総額の14％でしたが、1990年度17％、2010年度30％と割合を増やしています。それでも、社会保障の充実と安定は、国政の重要争点であり続けています。

そのため、経済の活性化と国民生活の安定と同時に、国債金利の上昇などのリスク抑制を両立させる、綱渡りの財政運営が求められています。大幅な財政規模の拡大も、大胆な歳出カットも極めて困難な状況にあります。

そうなると、当面は100兆円の財政規模を維持

論争コラム……5

することが重要になります。社会保障など国民生活の下支えと、経済悪化に即応できる財政余力の両にらみです。

問題は、社会保障費の拡大傾向で、何らかの分野で歳出カットをしなければ、財政規模の維持は困難です。財政再建の選択肢を放棄しないからこそ、通貨の信認も保たれます。

歳出カット分野として適当なのは、防衛費と公共事業費です。いずれも、公費での雇用と直結し、民間部門での人手不足の現在、官から民へ人材を移すメリットもあります。

防衛費では、部隊や装備、基地、米軍への「思いやり予算」などを縮小し、現行の5・5兆円規模から3兆円規模へと、段階的に縮小すべきでしょう。特に、イージスアショアや空母など、負担の大きな装備を廃止すべきです。縮小した予算の一部を自衛官の待遇改善に充てるのもいいでしょう。

公共事業費では、大規模事業を中心に縮小し、現行の9・6兆円規模から5兆円規模へと段階的に縮小すべきでしょう。とりわけ、完成見込み数百年後のスーパー堤防など、効果の疑われる事業を中止すべきです。中身についても、人口増加期の方針を廃し、既存インフラの維持や集約、公共交通など、人口減少期に必要な事業へ集中投資します。

防衛費と公共事業費のカットで浮いた予算は、社会保障費や教育費、自治体への交付金に回すことが適当です。これによって、社会保障などでの現金給付を確保するとともに、自治体を通じたサービス給付を拡充します。国の補助金についても、一括で交付金として自治体に渡し、インフラの維持管理など、実情に応じて使えるようにすべきでしょう。

あわせて、一般公務員でなく、高級公務員の給与を削減することも考えられます。例えば、公務員の給与上限を国会議員歳費と同じ（年間2181万円）とすれば、一般公務員と関係なく、給与を削減できます。また、議員が首相や大臣、議長などになっても、手当はつけません。削減額はわずかですが、それで生活に困る人はいないでしょう。

論争コラム……6

気候変動と相次ぐ激甚災害。防災をどうするか？

近年、気候変動の進行によって異常気象が頻発し、各地で想定外の災害をもたらしています。台風、豪雨、豪雪、竜巻と、いずれも防災基準の想定を超えるような事態です

2019年10月の台風19号により、関東甲信越の7ダムが同時多発的に治水機能を喪失しました。他にも3ダムで機能喪失が検討されました。この機能喪失は、報道だと「緊急放流」と言われています。ダムの貯水量が満水となり、流入する水量と同じ水量を放出するものです。ダムの決壊という、最悪の事態を回避するためです。

ダムが治水機能を喪失すると、ダムが存在しないとき以上の被害を引き起こす恐れがあります。ダムの治水機能は、河川に流入する水量のピークをずらし、集中を緩和することにあります。想定通りの降雨パターンであれば、しっかり機能を発揮します。けれども、想定と異なる長時間の降雨パターンだと、河川水量のピークに緊急放流することになる恐れもあります。実際、2018年の愛媛県肱川水害では、上流の野村ダムが河川水量のピークで緊急放流し、下流で洪水を引き起こしました（9人の方が亡くなりました）。

また、ダム機能が発揮されることを前提に、下流の堤防が土盛りで整備されています。堤防は土を固めただけで、特別な補強がされていないため、ダム機能が損なわれると、決壊の危険性が高まります。

これまで、ダムに依存する治水計画を批判してきた水源開発問題全国連絡会は、何度も地盤改良による堤防補強（鋼矢板を打ち込むなど）を政府に提案してきましたが、ダムがあるからと、はねつけられています。

スーパー堤防も、堤防の幅が広いだけで、土盛りであることと堤防の高さに違いはなく、河川水量が堤防を超えると、濁流が街を襲います。事実上、治水でなく、街を堤防上に造り直す都市再開発です。

もはや、ダムに過度な依存をする治水政策では、人々の生命・財産を守れないことは明白です。ダムが足りないからではありません。ダムに頼りすぎるから危険なのです。

より大きな視点に立つと、治水ダムと砂防ダムによって、可住地を広げてきたのが、人口増加期の国土政策でした。かつては、水害や土砂災害が起こるため、ふだんは農地や牧草地として使い、いざというときは遊水地や緩衝地として使ってきた土地がありました。戦後は、ダムを建設することで、こうした場所に住宅地を広げてきたのです。

自民党政権の国土強靭化政策は、こうした人口増加期の国土政策を公共事業費の増額で強力に推進するものです。国土全体をコンクリートで覆いつくす方向の政策です。

しかし、気候変動と人口減少の時代に、この考え方では生命・財産を救えないことが明らかになってきました。より大きな想定外の異常気象が起きたときに、より大きな想定外の被害をもたらすだけです。人口減少で、防災インフラの維持もままなりません。

これからは、国土柔軟化政策による防災が必要です。集住化に合わせて、水害や土砂災害の危険性が高い地域から、低い地域へと徐々に移転を促します。地盤改良した堤防整備をダムよりも優先させ、決壊という最悪の事態を回避します。縦割りになっている防災行政の一元化も重要です。公共事業を増やしても、政策が間違っていれば無意味なのです。

おわりに――社会を変えるのは、あなた

経済学者の宇沢弘文は、著書『社会的共通資本』で「ゆたかな社会」の条件を次のように定義しています。

・美しい、ゆたかな自然環境が安定的、持続的に維持されている。
・快適で、清潔な生活を営むことができるような住居と生活的、文化的環境が用意されている。
・すべての子どもたちが、それぞれのもっている多様な資質と能力をできるだけ伸ばし、発展させ、調和のとれた社会的人間として成長しうる学校教育制度が用意されている。
・疾病、傷害にさいして、そのときどきにおける最高水準の医療サービス

を受けることができる。

・さまざまな希少資源が、以上の目的を達成するためにもっとも効率的、かつ衡平に配分されるような経済的、社会的制度が整備されている。

様々な組織の部分最適を足し合わせた社会を維持しようとすれば、宇沢のいう「ゆたかな社会」の条件を確保できない状況に、日本は陥っています。経済学では、人々が最善と考える行動を取った結果、社会全体が苦境になってしまうことを「合成の誤びゅう」と呼びます。政治学では、様々な集団の幹部の意思決定が集積し、社会の合意が形成されることを「多元的エリート主義」と呼びます。本書では「部分最適組織集合体モデル」としました。要するに、日本は「多元的エリート主義」によって、社会全体が「合成の誤びゅう」に陥っているのです。

それは、戦後日本が経済成長と人口増加を前提とする社会だったからです。「ゆたかな社会」を実現するために、経済成長と人口増加を必要としてきました。ところが、現在は経済成長のために「ゆたかな社会」を犠牲にし、少子化として人口まで犠牲にしているのです。

本書では、経済成熟と人口減少であっても、「ゆたかな社会」を実現するための路線転換を提案しています。逆説的ですが、結果として、長期的な人口の定常化や経済活力の持続にもつながるでしょう。

その必要条件は、政権交代です。部分最適組織の総本山としての自民党と経団連が政権を担っている限り、路線転換は構造的に不可能だからです。とはいえ、政権交代すれば自動的に路線転換するのでなく、路線転換に向けた、野党の強固な意志と高い能力が不可欠です。

また、政権交代だけで社会が変わるのでなく、民主主義を深める方向で、大小様々な組織における意思決定の変化も必要です。総本山が政権の座から降りても、各組織の意思決定が変わるわけではないからです。

このことは、政権がどうあれ、地域や組織、個人レベルで、孤高の生き残りができることも意味しますが、限界があります。それを目指す地域や組織などの苦労も、並大抵ではないでしょう。そして、誰もが生き残れるとは限りません。やはり、政権交代と組織・個人の行動変化が相まって、社会が変化するのです。

本書で試みたのは、部分最適組織の集合体として動いている現在の社会に対する、体系的な対案の呈示です。人口減少、経済成熟、気候変動などと、前提条件が変化したにもかかわらず、それらに適応できず、そのツケを人々にしわ寄せしている社会への対案です。それが、自民党と経団連を頂点に完成されてしまっているが故に、政権交代が必要なのです。首相を嫌いだから、自民党を支持しないからでなく、体制と不可分の存在だから、交代が必要なのです。

本書をきっかけにして、人口減少、経済成熟、気候変動などの人類史的な大変動に対し、日本でどのような社会を創造するのか、議論が深まることを期待しています。

読者のみなさんへ

今の日本社会で、生きづらさを感じている方は、とても多いと思います。本書をご覧いただいているあなたもそうかもしれません。

そんな生きづらい社会をより良く変えられるのは、誰でしょうか。それは、あなたです。誰もが社会をより良くできる力を持っているのです。

その力とは、選挙や意見表明を通じて変える政治の力だけでなく、経済活動や職場を通じて変える経済の力、自らの権利擁護を通じて変える司法の力、そして自ら学び、考え、意見を他者に伝える知恵とネットワークの力です。

学び、考え、伝えることは、社会をより良くする第一歩なのです。その力を行使することに、戸惑う必要はありません。

もちろん、政治家や公務員、経営者など、大きな力を持つ人は、その力を適切に行使する義務と責任を有します。ですから、彼ら・彼女らに意見を伝えることも、戸惑う必要はありません。むしろ、意見や情報を伝えなければ、彼ら・彼女らも適切に判断できないのです。

あなたの力は小さくても、それを行使すれば、確実に一歩、社会を変えます。あなたが誰かに伝えた意見は、間違いなく誰かの心にさざ波を起こし、確率の多少はあっても、誰かの行動につながります。それが積み重なって、社会が変わるのです。

そんな小さな力が、徐々に社会を変えていく様子を描いたドキュメンタリー映画があります。映画『おだやかな革命』（渡辺智史監督・2017年）は、無名の人々が、それぞれの地域で、再生可能エネルギーの事業を立ち上げ、地域を「ゆたか」にしていく物語です。それは、大量生産・大量消費を求めて大金持ちになる「ゆたか」さとは異なりますが、幸せにあふれる「ゆたか」さです。舞台は、秋田県にかほ市、福島県喜多方市、同飯舘村、岐阜県郡上市石徹白地区、岡山県西粟倉村です。どこも、大都市でなく、いわゆる条件不利地です。出演者には、筆者の友人・知人が多く、映画に嘘偽りないことを知っています。

このような試行錯誤は、世界中で行われています。無名の人々が小さな力を集め、着実に社会を「ゆたか」にしています。ドイツ・フライブルク、アメリカ・ポートランド、北海道・下川町、同・ニセコ町、長野県内の各地、東京都世田谷区、同武蔵野市、兵庫県尼崎市、同宝塚市、他にも多くの地域で実践が始まっています。地域エネルギー事業に取り組む人々は「全国ご当地エネルギー協会」に集っています。

社会をより良くするには、あなたの力が必要なのです。これからの日本は、前例のない人口減少の社会。あなたの行動こそが、時代を切り拓く力になります。

図表出典

図表1　国土交通省『国土交通白書（平成24年度版）』3頁
図表2　内閣府『少子化対策白書（令和元年度版）』5頁
図表3　内閣府『少子化対策白書（平成27年度版）』12頁
図表4　内閣府『少子化対策白書（令和元年度版）』25頁
図表5　内閣府『少子化対策白書（令和元年度版）』7頁
図表6　独立行政法人労働政策研究・研修機構ホームページ（2019年8月30日閲覧）「グラフでみる長期労働統計」
図表7　内閣官房まち・ひと・しごと創生本部事務局「まち・ひと・しごと創生長期ビジョン参考資料集」4頁
図表8　首相官邸ホームページ（2019年9月1日閲覧）
図表9　政府統計を元に明石順平氏作成
図表10　政府統計を元に明石順平氏作成
図表11　財務省貿易統計
図表12　RENEWABLES 2019 GLOBAL STATUS REPORT, REN21, P31
RENEWABLES 2019 GLOBAL STATUS REPORT, REN21, P41
図表13　厚生労働省「グラフでみる世帯の状況――国民生活基礎調査（平成28年）の結果から」48頁
図表14　厚生労働省「人口動態統計2015年」を元に筆者作成
図表15　国土交通省「住宅の断熱化と居住者の健康への影響に関する調査の中間報告」
図表16　国土交通省「中古住宅流通促進・活用に関する研究会（参考資料）」
図表17　環境省『環境白書（平成30年度版）』18頁
図表18　筆者撮影
図表19　筆者作成
図表20　OECDデータに基づき筆者作成
図表21　一般財団法人建設経済研究所「建設経済レポート（日本経済と公共投資）」1頁
図表22　内閣府政策統括官（科学技術・イノベーション担当）作成資料、https://www.kantei.go.jp/jp/singi/keizaisaisei/miraitoshikaigi/innovation_dai2/siryou1.pdf

あとがき

本書では、日本の政治・経済・社会を公共政策の視点で総合的に分析しようと試みました。筆者は、1996年に大学を卒業して国会議員秘書となって以来、公共政策の実務と研究を往復してきて、2019年で23年になります。本書は、筆者がこれまでお世話になってきた方たちへの「中間レポート」でもあります。

本書のベースとなったのは、長野県地方創生総合戦略の策定に参画して得た知見です。当時、企画振興部総合政策課企画幹として、阿部守一知事や大森彌参与（東京大学名誉教授）、多くの同僚、地域の方たちと、人口減少について真剣な議論を繰り返しました。あの多様なデータや情報に基づく、論理的な議論の積み重ねが出発点です。

直接的には、研究者に転身してからの研究と議論が本書の内容を形成しています。多くの方たちと議論の機会を得て、それが反映されています。とりわけ、明石順平さん（弁護士）、明日香壽川さん（東北大学教授）、飯田哲也さん（環境エネルギー政策研究所所長）、歌川学さん（産業技術総合研究所主任研究員）、金子勝さん（立教大学大学院特任教授）、倉阪秀史さん（千葉大学教授）、佐々木寛さん（新潟国際情報大学教授）、村上敦さん（環境ジャーナリスト）、諸富徹さん（京都大学大学院教授）、ラウパッハ・スミヤ ヨークさん（立命館大学教授）からは、筆者の考えに対し直接の助言をいただきました。他にも、多岐にわたるためお名前を記せませんが、多くの方との議論が筆者に有益でした。心から感謝申し上げます。無論、内容の誤り等については、筆者一人の責任です。

２０１９年４月から千葉商科大学に勤務し、本格的な研究活動の一年目に本書を出版できるのは、筆者を温かく見守っていただいている、原科幸彦学長をはじめとする同僚の教職員と学生のおかげです。世界に先駆けて「自然エネルギー１００％大学」を目指す本学に勤務していることは、筆者の大いなる誇りです。

現代書館の須藤岳さんには、春にご依頼をいただいていたにもかかわらず、筆者の都合で秋まで待たせてしまいました。おかげで、他の仕事に迷惑をかけずに、書き上げられました。須藤さんの辛抱強さに、感謝します。

そして、本書をお読みいただいた方、すべてに感謝申し上げます。一つひとつは地味に見える現場での取り組みが、広くネットワーク化され、相乗効果を発揮することこそ、苦い現実を明るい未来に変える確実な方法です。本書を通じて、どこかのヒーローでなく、あなたの力こそ、社会で必要とされていることが伝わり、あなたが一歩前に進むきっかけとなれば、何よりも嬉しく思います。

田中信一郎 たなか・しんいちろう

千葉商科大学基盤教育機構准教授、博士(政治学)。
明治大学大学院政治経済学研究科博士後期課程修了。
国会議員政策秘書、明治大学助手、横浜市、内閣府、内閣官房、
長野県、自然エネルギー財団などを経て、2019年4月から現職。
著書に『国会質問制度の研究』(日本出版ネットワーク)、
『信州はエネルギーシフトする』(築地書館)などがある。

政権交代《せいけんこうたい》が必要《ひつよう》なのは、総理《そうり》が嫌《きら》いだからじゃない
私《わたし》たちが人口減少《じんこうげんしょう》、経済成熟《けいざいせいじゅく》、気候変動《きこうへんどう》に対応《たいおう》するために

2020年1月20日　第1版第1刷発行
2020年1月31日　第1版第2刷発行

著者　田中信一郎
発行者　菊地泰博
発行所　株式会社 現代書館
〒102-0072 東京都千代田区飯田橋3-2-5
電話 03-3221-1321　FAX 03-3262-5906　振替 00120-3-83725
http://www.gendaishokan.co.jp/
印刷所　平河工業社(本文)　東光印刷所(カバー・表紙・帯・別丁扉)
製本所　積信堂
ブックデザイン　伊藤滋章

校正協力:高梨恵一

ISBN978-4-7684-5872-3
定価はカバーに表示してあります。乱丁・落丁本はおとりかえいたします。